高管团队创新意识对创新绩效的影响

丁泽术◎著

经济管理出版社
ECONOMY & MANAGEMENT PUBLISHING HOUSE

图书在版编目（CIP）数据

高管团队创新意识对创新绩效的影响/丁泽术著.—北京：经济管理出版社，2023.8
ISBN 978-7-5096-9210-3

Ⅰ.①高… Ⅱ.①丁… Ⅲ.①企业管理—组织管理学—影响—企业绩效—研究
Ⅳ.①F272

中国国家版本馆 CIP 数据核字(2023)第 160151 号

组稿编辑：张　艺
责任编辑：申桂萍
助理编辑：张　艺
责任印制：黄章平
责任校对：王淑卿

出版发行：经济管理出版社
（北京市海淀区北蜂窝 8 号中雅大厦 A 座 11 层　100038）
网　　址：www.E-mp.com.cn
电　　话：（010）51915602
印　　刷：唐山玺诚印务有限公司
经　　销：新华书店
开　　本：720mm×1000mm/16
印　　张：12.75
字　　数：182 千字
版　　次：2023 年 8 月第 1 版　　2023 年 8 月第 1 次印刷
书　　号：ISBN 978-7-5096-9210-3
定　　价：78.00 元

前　言

随着中国治理体制的不断完善和管理能力的不断加强，以“创新、协同、融合、环保、包容和共享”的经管理念聚合，快速推动着中国发展成网络强国。尤其是全面发展大数据、云存储以及规模发展“数字中国”，现代城市被赋予了新的使命和内涵，推进着传统城市向“智慧城市”迈进，在实施智慧城市基础设施建设的同时给企业带来了史无前例的创新发展机遇。智能建筑是智慧城市的主体和重要组成部分，是当代科学技术的成果和产物，更是健康发展的核心基础。中国在全面发展“建筑数字化、智能化”这一新兴领域时，企业高效合理地运用数字技术能给传统建筑行业带来巨大变革，使其在云存储技术、智能数据加工和智能建材应用等领域发挥最大效用。

企业的高管团队作为组织中最具权威性的群体，其重要任务和主要方向是执行和推动企业信息化、智能化、创新化，他们的创新意识对企业的创新绩效和员工的创新行为有正向鼓舞作用。由此可见，高管团队重视创新意识在很大程度上可以增进员工创新行为的培育。所以，管理者应该着重从自身行为出发，增强创新意识、引领员工创新行为，给予员工创新行为方面的充分肯定、重视、理解与支持，与员工建立和谐、真诚、稳固的关系。激励员工全心全意地工作，鼓舞员工的创新行为，由此打造一个创新力强的研发团队，增进企业划时代的创新行为。

基于此，本书研究发现，高层管理团队创新意识对于员工创新行为的影响体现在高层管理团队的整体素质（沟通与互动）和晋升机制两个层面，丰富和完善相关理论对于管理实践具有一定的指导意义。在以新技术、新知识为特征的新经济时代，创新是企业获取市场竞争优势的最重要来源，高层管理团队（Top Management Team，TMT）创新意识是企业保持长远发展的核心资源，员工创新发展离不开 R&D（人力、物力、财力）等资源。R&D 是企业强大的源泉和内动力，而创新绩效是企业拥有竞争力且取得长期优势的基本保证。本书依据高层梯队理论、委托—代理理论和技术创新理论，从企业文化和精细化管理角度出发，以“高管团队创新意识影响创新绩效”为研究思路构建相关模型，聚焦企业绩效的持续增长，提出概念模型和研究假设。首先，借鉴国内外的成熟量表，编制调查问卷；其次，调查问卷经专家和导师建议修改后进行小批量发放，将收回的问卷进行调整；再次，发放大样本问卷，问卷发放对象为高新技术企业的高级管理人员，通过机构以及个人进行发放；最后，将收集回来的样本数据进行分析，得出假设验证结果。

实证结果表明：①高管团队创新意识对创新绩效有正向影响；②员工创新行为对创新绩效有正向影响；③高管团队创新意识对员工创新行为有正向影响；④员工创新行为在高管团队创新意识和创新绩效关系之间起中介作用；⑤激励机制在高管团队创新意识和员工创新行为关系之间起调节作用。

上述研究结论显示，研究高管团队的创新意识、员工创新行为与创新绩效三者之间的相互作用，不仅为促进创新绩效增长提供了一个新的视角，而且为如何高效发挥其最大效用提供了理论支持。本书在理论推导的基础上，使用国内外成熟的量表进行问卷调查，使理论模型得到了验证，所有的假设得到了支撑。通过实证得出高层管理团队的创新意识能够促进员工的创新行为，高管团队创新意识的深度，可以为员工的创新行为带来极大的鞭策。管理者应深刻理解企业在行业中的定位，让员工学习和熟悉企业的文化体系，促使管理者自身价值与企业战略发展目标保持一致，为高新技术企业创新管理提供一些方法和路径。

目　录

1 绪论

技术创新对企业未来的发展影响是巨大的，创新管理是许多企业高管面临的最重要的战略选择，其中，创新决策失误的风险是每位管理者必须要面对的。在科学技术飞速发展的今天，科技与经济早已相辅相成，知识经济的兴起，给众多企业带来机遇的同时也带来了挑战。技术创新现已成为衡量一家企业是否具有核心竞争力的重要指标之一，技术创新带动了企业生产与再生产的扩张与变革，成为现代知识经济发展的主要动力。

本章在对研究的实践背景和理论背景分析的基础上，提出了本书的研究问题，同时提出了本书的研究目的与研究意义，设计了研究的技术方案和路线，总结了研究的创新点。

1.1 研究背景和研究问题的提出

1.1.1 研究背景

创新行为已成为衡量一家企业是否具有核心竞争力的重要指标之一，落地“创新”驱动企业生产与再生产的扩张与变革，成为现代知识经济发展的主要动力。《2018 年国务院政府工作报告》指出，我国拥有世界上规模最大的人力人才资源，这是创新发展的最大“富矿”。政府对创新创业企业提供全方位服务，加大“双创”示范基地建设的推进；提倡大中型企业、科研院所及高校等机构开拓创新、挖掘资源；激励平台经济、发展共享经济；拓展大中小微企业的融合、并进创新创业新格局；会聚线上与线下相结合、协同产学研用、打造中国特色升级版“双创”；设立中国国家融资担保基金机构，提倡优良创新型企业上市融资渠道，扩大全国试点范围，支持并落实创业投资团体、天使投资机构的税收优惠政策；鼓励人力资源自由且有序流动，加大力度深化与落实人才发展的改革、鼓励企业提高技术人才的待遇、全面推广高技能人才的激励、鼓励海外留学归国人员的创新创业，对国外技术人才来华实行绿色通道，集百家所长与众智汇众力，对跑出中国式“加速度”创新充满信心。

目前，中国的科技创新由原来的以追随为主转为以领路人的角色向多领域并进，中国已经成为世界瞩目的创新创业发展发源地。国家市场监督管理总局发布的统计数据显示，我国日均新设企业数量由 2014 年的 6900 多家增长至 2020 年前三季度的 2. 2 万家。快速崛起的新活力正在重塑经济增长新格局、全面深刻地改变着民众的生产和生活方式，成为中国特色的创新创业发展的新标志。重视技术创新投入以正确的思路、科学的路径、完善的激励为企业打造一个具有良性循环机制的创新平台是企业深化技术创新、有序发展的基石。由国家统计局发布的《中国创新指数研究》报告可知，2020 年中国创新指数为 242. 6（2005 年创新指数为 100），比 2019 年增长 6. 4%。从各个领域的数据来看，创新投入指数为 209. 7，比 2019 年增长 5. 4%；企业创新环境指数为 266. 3，比 2019 年增长 6. 3%；创新产出指数为 319. 8，比 2019 年增长 8. 5%、创新成效指数为 174. 7，比 2019 年增长 3. 8%。截至 2020 年，中国创新创业环境得到较大的改善，技术创新力度继续增强，创新成果转化持续提高，创新效率稳步提升，创新能力稳步迈进高质量发展行列（见图 1-1 和表 1-1）。

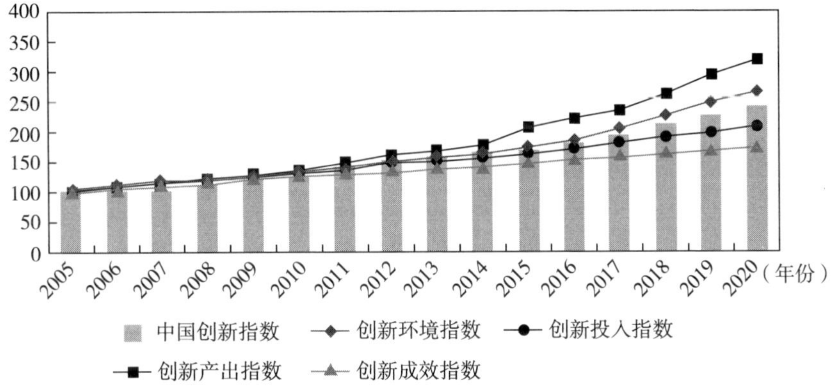

图 1-1　2005~2020 年中国创新指数及分领域指数

资料来源：国家统计局。

表 1-1　2005~2020 年中国创新指数

项目	2005 年	2010 年	2015 年	2019 年	2020 年
中国创新指数	100	133.0	173.8	228.1	242.6
一、创新环境指数	100	135.7	174.5	250.4	266.3
1. 劳动力中大专及以上学历人数指数	100	161.7	246.5	278.7	318.5
2. 人均 GDP 指数	100	166.6	236.5	299.9	306.5
3. 理工科毕业生占适龄人口比重指数	100	142.8	182.8	219.0	247.7
4. 科技拨款占财政拨款的比重指数	100	116.4	101.2	114.0	104.4
5. 享受加计扣除减免税企业所占比重指数	100	103.0	150.3	476.7	535.7
二、创新投入指数	100	132.3	164.1	199.0	209.7
1. 每万人 R&D 人员全时当量指数	100	182.5	260.3	326.2	355.1

续表

项目	2005 年	2010 年	2015 年	2019 年	2020 年
2. R&D 经费占 GDP 比重指数	100	130. 7	157. 5	171. 3	183. 6
3. 基础研究人员人均经费指数	100	163. 5	248. 0	298. 6	301. 3
4. 企业 R&D 经费占主营业务收入比重指数	100	112. 8	125. 5	142. 1	149. 0
5. 有研发机构的企业所占比重指数	100	117. 6	143. 8	195. 4	208. 7
6. 开展产学研合作的企业所占比重指数	100	103. 7	106. 6	134. 6	139. 7
三、创新产出指数	100	137. 2	208. 1	294. 7	319. 8
1. 每万人科技论文数指数	100	152. 8	164. 3	191. 3	191. 6
2. 每万名 R&D 人员专利授权数指数	100	230. 6	337. 9	429. 3	534. 9
3. 发明专利授权数占专利授权数的比重指数	100	89. 3	136. 7	144. 8	124. 8
4. 每百家企业商标拥有量指数	100	100. 1	180. 0	386. 4	454. 6
5. 每万名科技活动人员技术市场成交额指数	100	155. 3	287. 7	489. 1	582. 3
四、创新成效指数	100	126. 8	148. 5	168. 3	174. 7
1. 新产品销售收入占主营业务收入的比重指数	100	115. 2	127. 3	170. 8	187. 8
2. 高新技术产品出口额占货物出口额的比重指数	100	109. 0	100. 6	102. 1	104. 6
3. 单位 GDP 能耗指数	100	123. 8	150. 7	173. 4	173. 7
4. 人均主营业务收入指数	100	179. 0	292. 5	324. 5	343. 7
5. 科技进步贡献率指数	100	117. 8	128. 0	137. 7	138. 9

资料来源：国家统计局。

国家统计局、科技部、财政部公布的测算数据显示，中国在 2020 年对科研经费的投入力度加大，投入研究与试验发展（R&D）科研经费保持快速增长，中国国家财政对科技领域的支出稳步增加且投入强度持续提高。2020年，中国总计投入科学研究与试验发展的科研经费为24393.1亿元，比2019年增加2249.5亿元，增长10.2%；政府投入研究与试验发展研发强度（与GPD之比）为2.4%，比2019年提高了16%；研究与试验发展科研人员人均经费为46.6万元（全时工作量），比2019年增加了0.5万元。由此可以看出，中国企业对技术创新越来越重视。从改革开放至今，中国企业在创新领域取得了一定的成绩，特别是在高科技领域及其产业化领域取得了丰硕的成果，而创新投入则是保证企业的效益增长和质量提高的有利措施。

Scherer（1965）分析了500家大型企业的创新行为，研究结果显示，专利发明（创新）数量与企业的规模发展不成正比。在此之后，研究人员通过实证研究验证了他的研究结果。Arrow（1962）从技术垄断与市场竞争的角度对创新的整个过程进行了研究分析，总结出创新行为与市场的关系，提出了非常有利于企业管理者创新行为的组织结构类型。他指出，企业实行技术垄断和技术竞争这两种不一样的市场配置对发明专利（创新）产生不同的影响，完全技术竞争比完全技术垄断更有利于专利发明（创新），但这两种市场配置都低于市场期望的最佳状态。

Rothewell和Zegvold（1981）将创新政策工具分为三类：一是供给政策工具；二是需求政策工具；三是环境政策工具。这一分类标准已被大多数西方学者采用。供给政策工具又分为三类政府支持：财政支持、人力支持及技术支持。需求政策工具分为创造需求的政策工具与干预市场的政策工具；环境政策工具分为建立产业基础、激励创新意识及指引创新。Damanpour（2013）研究发现，采取技术创新的企业所获得的企业绩效比未采取技术创新的企业所获得的企业绩效显著增高。还有一些学者发现，在以往的实证研究中，超过 2/3 的高新技术企业认为产品创新战略和创新绩效之间呈正相关关系；出口增长率与企业 TMT 创新意识有紧密关系；高绩效的企业具有更强的创新能力。常玉和董秋玲（2006）对西安科技园区企业调查结果表明，员工创新行为能力与绩效正相关。

李伟铭等（2008）从重视程度、支持力度和落实程度三个维度来研究创新政策与企业绩效的关系，认为政策工具是技术创新得以实施的重要因素。薛云奎和王志台（2001）通过对上海证券交易所的数据分析，证明企业无形资产对单位创新绩效的贡献比固定资产高。程宏伟等（2006）依据上市公司披露的企业信息（财务报告），运用一元线性回归模型分析了科研投入对企业绩效的影响。梁莱歆和张焕凤（2005）认为 TMT 创新意识的强弱与创新绩效有较强的相关性，R&D 投入与转化成果具有比较明显的滞后性。程宏伟等（2006）对中国上市的高新技术企业进行研究，发现企业技术创新与企业绩效正相关、R&D 研发投入对企业绩效的影响逐年减弱，且这一影响较为明显、上市企业的技术创新在投入之后的一至两年中对企业业绩的影响没有表现出滞后性，企业的技术创新比重太低，不足以推动业绩的持续增长。通过梳理这些文献，从微观方面对高层管理团队创新意识与企业创新业绩之间的关系做了有益的探索。

企业资源观和能力资源观认为，TMT 在企业内不仅是团体能力、知识储备及资源整合的结合体，而且是企业外部环境的联结点，更是建设企业战略目标的关键。优秀的 TMT 需具备捕捉外部市场环境的信息变化、洞察和挖掘新的商业机遇并果断采取相应策略的能力；对企业内部要善于激发员工的积极性、主动性和创新性。管理学研究最核心的问题就是揭示企业的生存和发展源泉在哪里，为什么有的企业会比别的企业发展得更好。关于这个问题，国内外的许多学者都是从高管团队的背景特征或异质性等方面，探讨其对于企业创新和企业绩效的影响（Hambrick and Cho，1996）。

雷辉和刘鹏（2013）、雷怀英和乔睿蕾（2014）、卫武和易志伟（2017）都是把高管团队看作一个整体，倾向于把处于不同职位的高层管理者看作在企业创新活动中扮演同等角色且具有同等重要地位的人员。然而，他们的研究倾向和中国现实国情存在较大的差距。因此，考虑到上述情况，以中国的企业治理情境中的高管团队为核心组织，李金早和许晓明（2008）认为其决策者在某种程度上来说是企业的最高管理者。另外，中国企业在管理过程中，管理者权力的大小均体现在企业的日常管理、创新意识、研发投入、生产加工、市场营销等各个环节，而且都起着无可比拟的重要作用，有时甚至可以决定一家企业的兴衰成败。鉴于此，本书参考 Simsek（2007）的处理方法，选择高管团队创新意识作为本书的研究对象。高管团队创新意识既会影响企业战略的最终决策，又会影响企业的创新绩效。高管团队作为企业管理层的核心层，其创新意识对企业的战略选择和经营决策有着极为重要的作用。另外，高管团队创新意识和员工的创新行为对企业发展会产生不同的决策布局，从而影响到企业的日常管理及创新活动，更影响企业绩效及长远发展。

1.1.2 研究问题的提出

随着知识经济时代的到来以及智慧城市建设的推进，创新成为经济发展的源泉和不竭动力，自主创新能力不仅关系着国家核心竞争力的强弱，更决定着一个组织运行的有效性和长期生存能力。智能建筑行业中的高新技术企业作为典型的知识、技术和人才密集型的企业群体，也是经济体中最为活跃、潜质最强、最可能迅速拉动经济增长的企业群体，其与传统企业相比，将是创新活动更为重要的载体，创新已成为智能建筑行业中的高新技术企业发展和参与竞争的必要条件和手段。科技创新作为提高国家综合竞争力的战略举措，在一定程度上代表着国家技术发展的整体水平和国际竞争力，甚至关乎我国创新型国家战略的实现与否。然而，目前中国高新技术企业的创新状况不容乐观，技术创新能力的缺失已经严重影响到企业的国际竞争力，智能建筑行业更是如此。为此，不少智能建筑行业中的高新技术企业寄希望于通过大力引进国外高新技术，或投入更多的资源进行新技术研发和新产品试制，以摆脱困境，但这忽视了对人力资本潜能的激发，结果往往劳而无功。高新技术产业与传统产业的最大区别就在于它是建立在知识与科技的基础上，因此，在各种生产要素中，掌握知识与技术的人力资源扮演着最为关键的角色。作为知识与技术的根本性载体，人力资源不仅是企业竞争优势的重要来源，更是企业实现组织创新的重要主体。也就是说，尽管智能建筑行业中的高新技术企业是创新的市场主体，但企业本身无法完成创新的过程，创新的最终践行者是人。企业员工是创新的根本源泉，员工创造力的发挥是企业创新的源泉和根基。企业创新活动只有通过企业员工地不断投入和参与，才能持续推动科技探索和发展，不断增强企业的创新能力。Yuan 和 Woodman（2010）指出，若企业在动态市场环境中取得创新成功和拥有竞争优势，那么该企业员工的创新行为应该是企业的重要资产。

目前，高新技术企业在激励员工创新行为的体制机制层面仍存在不少问题，如股权激励、晋升激励、知识产权保护等有待改进。中国智能建筑企业尤其是民营中小型智能建筑企业普遍面临员工创新率低、高科技产品数量少、新高科技产品发布速度慢、高新科技产品的市场占有率低等诸多困难和阻力，因此，企业高管团队需要提高创新意识、敢于开拓、大力支持、善于分享，使企业持续注满生机和活力。在高新科技企业中技术性员工是企业的核心资源，是企业的无形财富，激发员工创新行为需要从制度、文化等环境建立配套和保障措施，从各个方面为员工保驾护航，帮助他们解决问题，减少他们的后顾之忧，营造一个良好的工作环境。这样员工才能发挥他们的特长，他们的创新行为才能真正为企业服务，他们的创新成果才能转化为生产力。

员工是企业生命体的细胞，更是企业核心竞争力的重要因素，需要鼓励他们不断创新、变革，同时也要通过他们的创新行为影响、带动和传导各类生产要素一起创新，从而转变生产方式，提高生产效率，带动企业和整个国家经济的高质量发展。

各国学者非常重视企业的员工创新行为以及相关的市场主体、生产要素和珍贵资源财富的研究，因为他们看到了企业员工创新行为对推动经济发展不可估量的作用。对高新技术企业中员工创新行为与创新绩效的影响关系研究一直是热点和难点问题。学者们大量的实证结果表明，员工创新行为是能够推动企业提升效益的。但是，如何激励员工，使他们通过何种途径改善创新行为，员工的创新行为通过什么途径影响和推进企业的创新绩效才是最佳的路径，等等，这一系列问题尚未解决，因为员工创新行为与企业创新绩效之间的影响关系是复杂且多变的，要揭开这个作用机理，必须认识到激励员工创新行为的根本所在，即激励机制，让员工创新行为在高层领导的意识下通过激励机制达到提高企业创新绩效的作用，挖掘和发现各要素之间的影响关系极其重要。

虽然很多学者对员工创新行为深有研究，但是基于高新技术企业视角，尤其是从智能建筑行业企业视角对员工创新行为的研究却很少，对高科技公司员工创新行为的激励机制的研究更是寥寥无几，研究通过激励机制对员工创新行为的影响进而传导到创新绩效的研究更加少见。有学者将股权分配或薪酬等因素作为调节变量研究其对企业绩效的影响，但研究对象均非高新技术企业，且影响的都是企业绩效，对于高新技术公司的测量目的不够准确。另外，市场是多方面的，不仅需要高层管理团队的意识影响到员工创新行为产生的重要因素，而且需要通过这些因素相互作用、相互融合才能最大限度地发挥创新行为，最终影响创新绩效。对于智能建筑企业而言，每个企业的情况是不一样的，这取决于高层管理团队的意识不同，他们的意识是不可复制、不可替代、极有价值的稀缺资源，是企业核心竞争力的来源，更是提升创新绩效的重要途径，所以必须发挥好高层管理团队意识这一重要因素，加快中国智慧城市的推进，也为加速智能建筑产业升级起到关键作用。

因此，本书将员工创新行为引入高层管理团队意识对创新绩效的影响关系的研究中，作为一种中介和桥梁，从高新技术企业的视角和思路构建高层管理团队意识对创新绩效的影响的理论模型，揭开新时代中国情境下高新技术企业中高层管理团队意识对创新绩效影响的作用机理，从而激发高层管理团队意识、激发员工创新行为，让两者发挥最大效用，共同作用于创新绩效，为推动中国经济发展提供一个新的路径和解决方案。

1.2 研究目的和研究意义

1.2.1 研究目的

1.2.1.1 经济全球化企业长期竞争优势可持久性递减

如今，以微电子技术、电子信息技术、计算机应用技术、信息通信技术、新材料技术、3D 打印技术、空间技术、海洋技术、现代轨道交通运输技术、人工智能技术和云计算等为主体的现代高新技术群体的涌现，加速了国家与国家、地区与区域、企业与组织之间的信息流、物资流、资金流、技术流和人才流的交互，使世界变成了地球村，这在一定程度上缩小了人际交往、组织协同、国家体系间交往的时空，推进了全球经济化的进程。随着经济全球化的到来，科技创新体制改革的深化，科研投资环境的优化，学风和科技道德建设的日益加强，中国企业促进了未来中国科技的积累和发展。从宏观环境来看，主要是通过产业环境对企业生产力的影响，导致企业的决策层误判与经营绩效下降，企业拥有的设备、人才、技术等资源发生较大变化：在经济方面，以资源为基础的发展模式遭遇“瓶颈”，CDP增速减缓亦是必然；在社会方面，国家逐步加强企业体制变革，已逐渐覆盖行业的各个方面；在消费者方面，由于物质逐渐丰富和大众生活层次逐渐提高，百姓的消费理念、习惯以及消费模式均发生重大变化；在技术方面，网络信息技术和“互联网+”及大数据技术的飞速发展，在根本上促进社会进入智能化时代。从微观环境来看，企业构建长远发展的竞争优势根基不稳固，上下游客户、人才供应链、竞争对手、潜在进入者及替代品等要素都在发生巨化，企业的商业模式也被迫标新立异。由此可见，企业所处的生产环境是创造竞争条件且实现可持续发展的外在因素，技术创新必然造成产品更新速度加快。

在这种激烈的市场竞争中，保守的企业管理必然在许多方面处于劣势。但众多企业还是能够抓住机遇、迎接挑战，通过吸收消化国内外先进技术，并在此基础上进行技术创新，建立适合本国国情的经济实体，积极参与国内竞争甚至国际竞争。人工智能的出现促使现有行业的边界变得模糊不清，导致企业在传统行业中面临诸多竞争甚至是跨行业的竞争，如电子商务行业巨头阿里跨界经营（教育、医疗、金融等），创维、格力等从电子、家电行业跨界汽车制造，京东和淘宝整合电子商务与物流业。这种跨行业的参与竞争不仅加强了竞争力度和频率，而且带来了新型的商业模式，同时对原产业内的企业产生巨大冲击。

1.2.1.2 创建新竞争格局高管团队须对市场环境做出反应

市场环境的不确定性对企业竞争优势的获得和影响力的维持，取决于企业自身的技术创新能力，在经济市场环境动荡下，不同产业的创新能力具有较大的差异性。不同产业的创新管理在经济市场动态环境中对竞争优势的把控及其影响方式也不相同。近年来，尽管企业面对的市场环境的不确定性对盈利能力具有很大的影响力，但相对来说，企业自身应具备更加良好的素质。企业所拥有的可用资源只是外在表现，管理才是硬道理。高管团队若能及时捕捉外部环境的变化且迅速地整合企业创新管理，同时创建基于新环境的创新管理竞争格局，融合新知识、新技术、新方法，积极地建立和部署适合企业自身的高管团队，以高效的管理技术创新活动，则会使企业在瞬息万变的经济市场环境中稳固发展，助推企业做大做强。反之，企业管理者若轻视商业动态环境的瞬时变化，或者管理者难以在激烈的、动荡的环境变化中整合资源，则企业错失应有的竞争机会是必然的，甚至会失去市场，被商业新环境所淘汰。

Weick（1995）指出，客观的市场环境是一种现实，是企业成长的土壤，为企业输送土壤中的养料。Ansoff（1965）、Airen 和 Hage（1971）、Porter（1980）均研究了企业的核心资源与市场环境的关系，探讨高管团队在面对市场动态环境时应转变竞争格局。一方面，企业的高管团队要不断地感知微观环境的变化，确保企业真实地了解客观环境变化的情况；另一方面，企业的高管团队需要根据宏观环境的波动来调整战略部署。哈佛大学教授迈克尔·波特（Michael Porter）的竞争战略分析具有代表性。他认为，企业获得市场份额和竞争利润的能力是拥有竞争能力，其实质是内部经营绩效和技术创新能力。所以，优秀的企业高管团队是使企业在市场动态环境中获得可持续性竞争优势的首要条件。

当前，科创板上市科技类企业的经营管理规范执行力日益提高，从某种程度来看，企业拥有高效规范的管理极大地促进了中国现代企业体制的健全。众所周知，上海证券交易所科创版上市的企业在夯实企业管理方面有着积极的引领示范效果。因此，企业新的竞争力的构建需要高管团队来适应市场环境的变化，但企业高管团队应对环境变化的前提是需要其能够认知并深入了解市场环境的变化。

1.2.1.3 高管团队创新意识制约了员工创新行为与创新绩效发展因素

企业高管团队的核心任务就是全面处理企业内部与企业外部资源的协同发展。高管团队承担企业战略使命的定制与实施，并对过程监控进行跟踪、总结，对企业绩效和发展起着决定性的作用，因此，高层管理团队所拥有的知识技能、人力资源、认知能力、激励机制、产品研发管理及团队管理等是影响企业绩效的关键资源。为什么说高管团队认知水平是制约技术创新与企业绩效的主要因素？简要地说，就是当代企业面对的大多是综合型实体市场经济，企业构建知识管理、创新管理、人才管理、技术管理和增进企业绩效都比较依赖于高管团队的认知。但高管团队的认知能力是有限的，他们经常会把外部环境对企业的影响进行简化处理，把市场环境理解为他们所认知的水平，由此会依据他们固有的认知高度或深度进行创新行为的决策（Carpenter et al.，2004）。

企业对技术创新投入是基于高管团队认知水平而制定的管理体系，其目的是使企业在动态的环境或经济市场中保持竞争优势，提升企业绩效，促进企业长远发展。当然，高管团队也是企业战略决策的制定者和执行者。高管团队拥有企业资源选择、组织、协调与运作经济活动的权力，尤其是当企业需要互补资源且整合资源时，高管团队能起到极其重要的作用。高管团队另一项职能是协商、沟通、采购、营销、资源交互、内部资源整合、外资源拼凑、制定企业战略规划及选择商业模式。奥利弗·谢尔登（1924）在《管理哲学》中提出，企业在提高经营绩效、回馈股东的同时，有义务和责任满足员工、客户和利益相关者以及市场结构等合理需求。动态环境中企业利润最大化如图 1-2 所示。

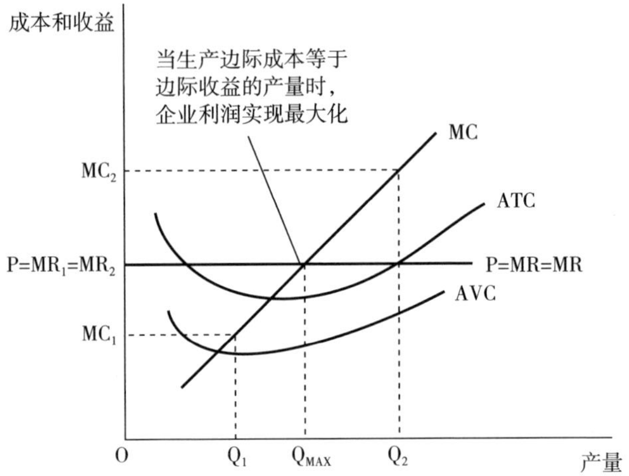

图 1-2　动态环境中企业利润最大化

由在动态环境下完全竞争市场利润最大化条件 MR = MC 可知，市场结构经济学几乎无法解释当代企业的产生经营和发展，除非拥有在竞争市场结构中和市场经济变化过程中起到决策作用的管理者与高管团队。有个值得关注的现象是高管团队在企业经营过程中往往难以扭转固有观念，从认知能力的角度来看，当认知结构、认知行为和环境变量有异议时比较容易动摇高管团队的决心，从而转变他们的注意力和执行结果，因此，加强高管团队的认知进而促使他们纠正其观念是非常有必要的。但是，神经经济学的研究结论进一步发现，企业 TMT 成员在面对不同的认知结构、认知行为和环境变量时，他们的内心波动较大，心情通常会感到不舒畅，会有意或无意地试图屏蔽“信息”的干扰，即“鸵鸟心态”（Ostrich Mentality）。美国心理学家称这种逃避现象为：当高管团队遇到危险或挫折时，他们像鸵鸟一样把头埋在掩体里，以为自己的眼睛看不见就是安全的。“鸵鸟心态”只是一种掩耳盗铃的心理，并不能改善企业高层管理团队的状况。相反，如果高层管理团队知道问题即将发生，却不考虑解决问题的对策，这只会使问题变得更加复杂且难以处理。与这个观点极为相似的是一些社会心理学研究者的观点，他们指出，信息不对称不是矫正 TMT 认知的根本机制，而是如何处理信息冲突。

总体来说，高管团队制定的战略、组织绩效、技术创新投入和人力资源决策是提升企业绩效的核心。TMT 认知能力是企业继续保持同行业竞争优势的关键。相关研究有安同良和施浩（2006）研究行业特征，成力为和戴小勇（2012）研究地区差异等。本书以高阶理论为基础对高管团队认知与企业绩效关系进行深入研究，同时引入技术创新投入（管理动力和管理能力）对企业绩效的调节作用。考虑到目前尚未发现将高管团队认知、技术创新投入与企业绩效三者结合起来研究的文献，笔者决定从这一角度开展研究。

本书以智能建筑行业中工作的员工作为研究对象，假设员工创新行为作为中介媒介，中介变量为员工创新行为加入一个调节变量，即创新激励机制，通过厘清高层管理人员创新意识、员工创新行为与创新绩效三者之间的影响关系，揭示智能建筑行业对创新绩效影响的作用机理，这一研究丰富了高层管理团队创新意识和员工创新行为的后因变量研究，丰富了激励机制作为调节效应的研究，丰富了高层管理团队创新意识、员工创新行为、激励机制员的理论研究，从实践上为高层管理团队如何激发员工创新行为，共同发挥最大效用，共同促进创新绩效提升提供了一个新的视角和路径，为提高中国的高新技术企业管理的能力提供了科学支撑。

1.2.2 研究意义

1.2.2.1 理论意义

现有研究主要关注高层管理创新意识，以及个体的创新行为对创新绩效的影响，但对过程传导或者说作用机理的研究相对薄弱，尤其是对高新技术产业的研究就更少。当今竞争日益激烈，高新技术企业发展遇到前所未有的压力和困难，企业如何走出困境，如何充分发挥和利用极具价值且稀有的高层管理团队意识，如何发挥高层管理团队意识和员工创新行为等人力资本的最大潜能和效用，已是当务之急，本书研究具有如下理论意义：

第一，在高层管理团队创新意识与创新绩效之间引入员工创新行为作为中介变量，为揭示高层管理团队创新意识影响创新绩效的作用机理提供了新的理论路径。高层管理团队创新意识、员工创新行为和创新绩效的单变量研究成果已经很多，两两变量之间影响关系的研究较少且不够系统和深入。已有的研究主要关注高层管理团队的创新意识对创新绩效的影响，仅有少量研究引入组织创新、组织学习，通过自身的学习能力以发挥高层管理团队创新意识。高层管理团队创新意识影响企业绩效的过程和因素是复杂的、动态，而不是简单直接地去影响企业绩效，应当考虑到市场不同主体要素的创新行为的相互传导和影响。基于此，本书将员工创新行为作为高层管理团队创新意识与创新绩效影响关系的中介变量，以揭示高层管理团队创新意识如何传导给员工，如何影响员工的创新行为，从而促进企业绩效的提升，通过加入员工创新行为这一中介变量，丰富了技术创新理论的研究。

第二，将激励机制作为调节变量引入高层管理团队创新意识对创新绩效的影响研究模型中，为揭示高层管理团队创新意识影响创新绩效的作用机理提供了新的理论路径。如何激发员工的积极性和主动性，每位员工对于自己能否取得创新成果的信念是激发个体创新行为的密钥。在高层管理团队创新意识和员工创新行为的关系中引入激励机制作为调节变量，使高层管理团队创新意识在传导和影响员工创新行为的过程中加入一针“强心剂”，在整个理论系统中加强相互作用，更能最大限度地促进创新绩效的提升。本书在以往学者研究的基础上，在高层管理团队创新意识通过员工创新行为影响创新绩效这一动态过程，引入激励机制作为调节变量，丰富了创新技术理论等相关理论研究。

1.2.2.2 现实意义

本书研究的现实意义如下：

第一，为如何激发员工创新行为提供了一种新的思路，让员工真正地发挥创新性、开创性，改变中国情境下高新技术企业技术低下、能力缺乏的现状，让企业家真正成为中国经济强有力的支柱，让高层管理团队意识这一稀缺的、不可替代的、极具价值的人力资源的重要性。

第二，为企业激发员工创新行为提供一种新的视角。员工是企业最庞大、最基本的主体，员工的积极性和主动性影响企业的发展。员工既是宝贵的人力资本，也是企业的无形资产，如何激发市场这一庞大主体的活力，发挥其创造力、创新能力和创新行为，对促进创新绩效提升、推动改革创新、推动中国高新技术企业进步和经济发展具有重要意义。

第三，为企业如何提升创新绩效提供一种新的方向。创新绩效的影响因素有很多，本书注意到企业两个重要的主体，即高层管理团队与员工，二者之间存在相互影响，尤其是高层管理团队创新意识对员工行为的影响不可估量，本书抓住了高层管理团队和员工这两大人力资本的特点和相互影响、传导关系，以此为基础，研究高层管理团队创新意识与创新绩效之间的影响作用机理，符合提高企业核心竞争力、提升国家高新技术企业技术能力的要求。

本书通过不同的视角，结合当下中国经济形势发展研究高层管理团队创新意识影响创新绩效的作用机理，并提出可行的管理建议和对策，为高新技术产业升级发展和改革提供新的思路和方向，对于促进企业创新具有重要意义。

1.3 研究内容、结构及技术路线

1.3.1 研究内容

本书旨在探讨高层管理团队创新意识对创新绩效的影响以及员工创新行为在其中的作用机制。首先通过文献回顾探讨高层管理团队创新意识与员工创新行为的关系、员工创新行为与创新绩效的关系、高层管理团队创新意识与创新绩效的关系，构建高层管理团队创新意识对创新绩效的影响研究理论模型，用实证的分析方法检验理论模型的正确性，检验高层管理团队创新意识能否通过员工创新行为影响创新绩效，促进创新绩效的提升。根据上述思路，本书的内容主要包括以下几个方面：

第一，科学合理地选取自变量、因变量、中介变量和调节变量。将高层管理团队创新意识作为自变量，创新绩效作为因变量，员工创新行为作为中介变量，激励机制作为调节变量。

第二，研究对象为中国高新技术企业，以智能建筑行业中工作的技术人员为主，通过对他们的调研采集到符合要求的样本数据。采用成熟的测量量表设计问卷，采集小样本数据。通过预测试检验小样本信效度之后决定是否修正量表，然后在全国几个主要省份发放正式问卷，采集大样本数据为研究提供实证基础数据的研究保障。数据采集方法和途径必须保证数据获取的可行性和可靠性，保证数据信度和效度。

第三，构建理论模型并进行实证分析。构建高层管理团队创新意识与创新绩效影响的理论模型。用统计分析的方法对模型进行分析和检验并得出检验结果。

第四，实证分析高管团队创新意识对创新绩效的作用机理。本书采用面板数据分析法，实证分析高管团队创新意识对员工创新行为与创新绩效之间的关系。采用文献分析法得出高管团队创新意识对企业员工创新行为及企业发展起决定性作用。

1.3.2 研究结构

根据以上的研究内容确定本书的篇章结构安排，本书共分为六章，具体的内容结构安排如下：

第1章，绪论。内容主要包括研究背景与问题的提出、研究目的与研究意义、研究内容与研究结构、研究方法与主要创新。

第2章，文献综述。本章主要对高层管理团队创新意识、创新绩效、员工创新行为、激励机制几个核心变量以及两两变量之间的关系等文献进行梳理，对这些变量的概念进行界定，确定变量的测量方法。通过梳理学者们对高层管理团队创新意识的研究现状，根据相关理论基础，为本书后续的假设和模型构建提供依据。

第3章，研究假设与理论模型。根据第2章的理论基础首先提出各变量之间的研究假设，其次构建本书的理论模型。

第4章，研究设计。确定变量测量的量表，设计问卷，小范围发放问卷进行预调研、预测试，确定量表是否需要修正，而后再大面积发放正式的调查问卷，回收大样本数据。

第5章，数据分析与假设检验。运用统计分析软件SPSS对采集到的数据进行描述性统计分析、信效度分析、因子分析、相关分析、回归分析和模型拟合，对提出的全部假设进行检验，得出假设检验结果并讨论。

第6章，研究结论与展望。对本书的研究进行总结，阐述本书的理论贡献及对管理实践的启示。同时，客观地指出本书的局限性，对未来的研究方向进行展望（见图 1-3）。

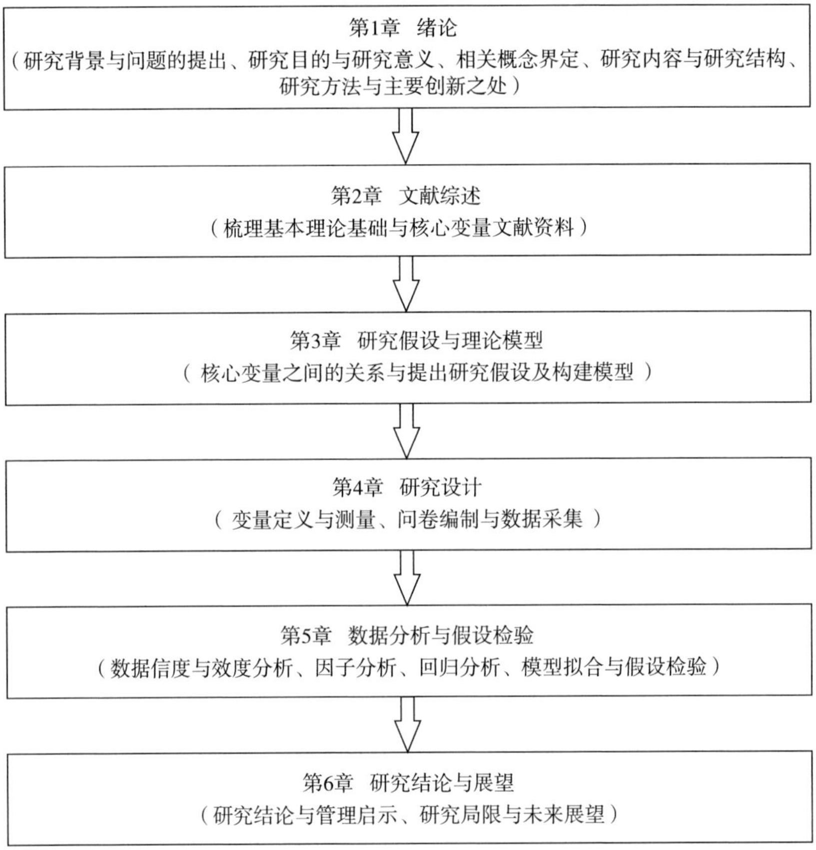

图 1-3　本书的结构安排

1.3.3　研究技术路线

本书回顾以往研究的文献和依据的相关理论研究，定义变量，根据理论基础提出假设，构建理论模型，通过问卷调查、统计分析方法来检验理论模型的合理性和实践性。本书的研究路线如图 1-4 所示：本书遵循提出问题、分析问题、解决问题的研究思路，在对相关文献进行综合述评、对产业集聚相关理论进行回顾和分析的基础上，详细分析了中国高新技术企业智能建筑行业目前发展的现状以及智能建筑产业的特征，探索高层管理团队意识与创新绩效之间的互相影响和运动的机理，进而分析出高层管理团队意识与创新绩效之间的初步关系，为后文的研究假设提出事实依据。在分析高新技术企业

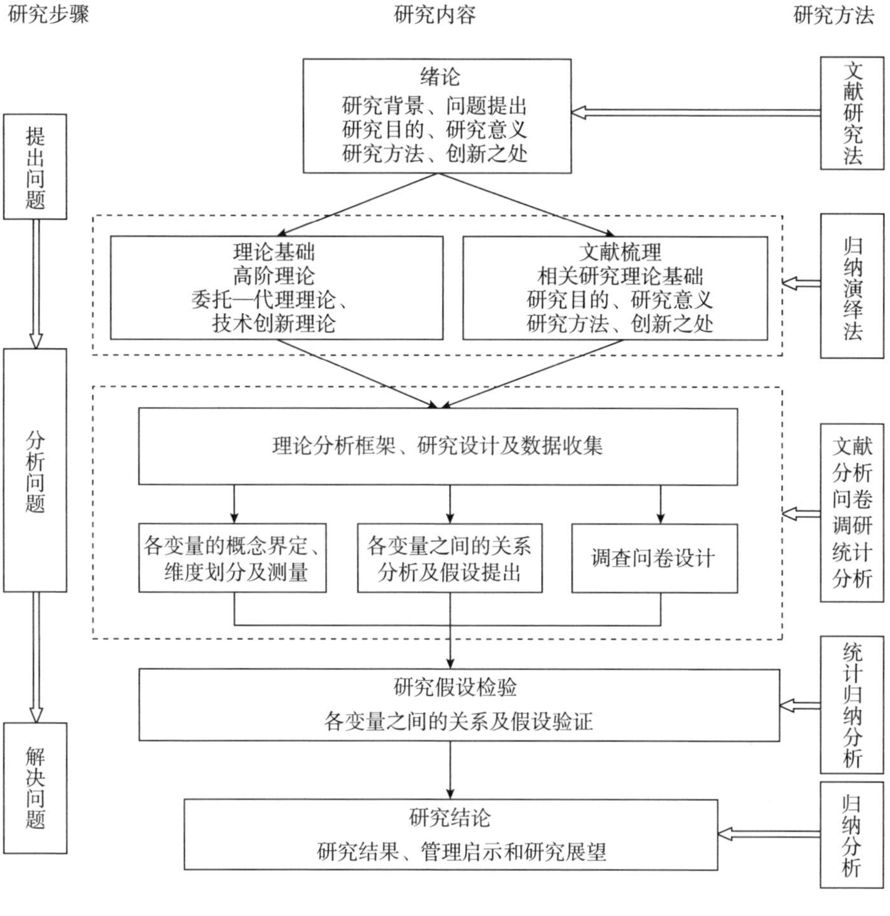

图 1-4 本书的技术路线

智能建筑行业现状的基础上，进一步从理论的视角分析了中国高新技术企业智能建筑行业对创新绩效的影响，提出本书的研究假设，构建起一个关于高新技术企业智能建筑行业高层管理团队意识对创新绩效的分析框架。以此为基础，本书从人力资源维度和行业维度深入、系统地从实证分析的角度，进一步实证检验了高层管理团队意识对创新绩效的影响。最后，基于实证结论，对中国高新技术企业智能建筑行业的发展提出了政策建议。

1.4 研究方法与主要创新

1.4.1 研究方法

本书研究的具体方法如下：

1.4.1.1 理论研究方法

理论研究是基于本书研究的目的，充分利用各数据库，包括 EBSCO、SPRINGER、WILEY、CUP、IOP、RSC、ABI、SAGE、中国期刊网、万方数据库、维普数据库等收集相关文献。充分阅读、梳理和总结论题的研究现状，寻找研究空缺并提出要研究的问题。通过对国内外的文献回顾与整理过程，推导出本书研究假设并形成本书的理论模型。本书的理论研究主要包括以下几方面内容：一是文献回顾部分，充分利用图书馆数据库查找国内文献资料，再对现有的文献阅读与总结，对现有的研究方式、结论及理论进展有了较为详细的了解；二是提出研究假设与理论模型部分，这部分主要是对前人的研究成果进行了总结和拓展，提出了本书的主要研究假设，并建立本书的理论模型。

1.4.1.2 实证研究方法

本书的实证研究方法主要体现在两个方面：一是开展问卷调查。为了确保问卷设计的信效度，本书主要使用国内外实证使用过的成熟量表进行问卷的设计，使用高层管理团队创新意识、创新绩效、员工创新行为、激励机制等核心变量的测量题项设置文件题项，向调查对象高新技术企业高层管理者，决策者或技术人员进行发放并收集相关信息，对数据进行初步分析。二是在数据分析阶段使用统计分析法对数据进行分析。运用统计分析软件 SPSS21.0 和 AMOS 24.0 对回收的有效数据进行描述性统计分析、信度分析、因子分析、相关分析、回归分析和模型拟合，对构建的理论模型和提出的假设进行检验，得出实证分析的结果并讨论。

1.4.2 主要创新

本书在整理和归纳中国及其他国家相关研究成果的基础上，以中国高新技术企业高层管理者、决策者以及技术人员为调查研究对象，构建以激励机制作为调节变量、以员工创新行为为中介变量的高层管理团队创新意识对创新绩效影响的理论模型，通过实证分析方法，对有调节的中介模型进行验证，证实几个变量之间的相互影响关系，从而得出结论。本书与之前的研究相比，有以下两点创新之处：

第一，在高层管理团队创新意识与创新绩效之间加入员工创新行为作为中介变量，揭示了高层管理团队创新意识与创新绩效的作用机理，丰富了技术创新理论的研究。高层管理团队创新意识、员工创新行为和创新绩效的单变量研究成果已经很多，两两变量之间影响关系的研究较少且不够系统和深入，并未延展和传导到个体以外的其他个体，创新行为是一个复杂的动态的过程，参与的主体众多，应当考虑到不同主体的创新行为与不同主体之间的创新行为的相互传导和影响，而这样的研究目前尚缺乏，因此现有研究尚不能揭示高层管理团队创新意识与创新绩效相互作用的内在机理，揭开高层管理团队创新意识对创新绩效作用的“黑箱”。此外，技术创新理论仍不够系统和完善，仍值得深挖。本书将员工创新行为作为高层管理团队创新意识与创新绩效影响关系的中介变量，揭示高层管理团队创新意识如何传导给员工，如何影响员工的创新行为，从而促进创新绩效的提升，通过加入这一中介变量，进而丰富了技术创新理论的研究。

第二，将激励机制作为调节变量引入到高层管理团队创新意识对创新绩效的影响研究模型，揭示了高层管理团队创新意识影响创新绩效的作用机理，丰富了激励机制理论的研究。如何激发个体自身的积极性和主动性，在高层管理团队创新意识和员工创新行为的关系中引入激励机制作为调节变量，使高层管理团队创新意识在传导和影响员工创新行为的过程加入一针“强心剂”，在整个理论系统中相互作用加强，更能最大限度地促进创新绩效的提升。因此，本书引入激励机制作为调节变量，不仅揭示了高层管理团队创新意识对创新绩效的影响机理，也进一步丰富了代理理论等相关理论研究。

2 文献综述

在中国期刊网上以“技术创新”为关键词搜索的文章共有 17.29 万篇，论文 3.66 万篇，可见对于技术创新的研究是十分广泛而备受关注的，在这 3.66 万篇文章的基础上，以“企业+技术创新”为题名进行二次检索，有 2.74 万篇文章；以“技术创新+能力”为题名进行二次检索，有 1.35 万篇文章；以“创新绩效”为题名进行二次检索，有 2434 篇文章，1230 篇论文。在此基础上，以“激励机制”为题名进行三次检索，得到 125 篇文章，20 篇论文。对于技术创新层次研究而言，更多的还是针对微观层面，即企业层面，通过在中国期刊网检索可以发现，17.29 万篇文章中企业技术创新的文章有 2.74 万篇，这些文章具有以下特点：一是从少到多，在改革开放初期，研究技术创新的学者和论文都比较少，到了 20 世纪 90 年代，从事技术创新研究的学者逐渐增多，发表的论文数量也随之增多，发展的速度加快；二是从低到高，我国学者对技术创新的研究从刚开始的学习和介绍国外技术创新理论到开始创建本国的技术创新理论体系，对于技术创新的研究本身就经历了技术创新过程中的“引进—消化—吸收—再创新”的过程，随之发表的各种学术论文的质量也相应提高，同时一些学者和文章得到了国际同行的认可；三是从理论到实证研究，目前已有较多的学者开始采用规范的实证方法对技术创新进行实证研究。与此同时，在看到企业技术创新研究逐渐成为热点的同时，对于创新绩效和员工创新行为的研究也不少，但是把两者结合起来，通过研究创新绩效来分析员工创新行为的研究并不多见，这在一定程度上也证明了本书的研究具有一定的理论价值。

2.1 高新技术企业

2.1.1 高新技术企业的认定

根据《高新技术企业认定管理办法》（以下简称《办法》）规定，高新技术企业须同时满足：①企业申请认定时须注册成立1年以上。②企业由自主研发、赠予、受让和并购等方法，取得对主要产品或服务拥有知识产权。③企业主要产品或服务属于《国家重点支持的高新技术领域》规定的范畴。④企业从事研发和相关技术创新活动的科技人员与企业当年职工总数比例不低于10%。⑤企业近三个会计年度的研究开发费用总额占同期销售收入总额比例符合如下要求：最近一年销售收入小于5000万元（含）的企业，比例不低于5%；最近一年销售收入在5000万元至2亿元（含）的企业，比例不低于4%；最近一年销售收入在2亿元以上的企业，比例不低于60%。其中，企业在中国境内发生的研究开发费用总额占全部研究开发费用总额的比例不低于60%。⑥企业近1年的销售产品或服务收入占企业同期总收入的60%。⑦企业创新能力应满足评价要求。⑧企业1年内不能发生重大安全事故、重大质量问题或环境违法行为严重。

综上所述，中国高新技术企业认定政策通常是通过税收优惠政策、区域性财政补贴等方法，重点扶持和激励信息科技、航空航天、电子技术、教育医疗等高新技术领域等企业的发展，引导企业产业结构调整，提升技术创新能力。首先，根据《办法》规定，相关部门会对通过认定的高新技术企业每年的研发费用、知识产权数量等资料进行抽查，因而其本身的监督机制会对企业创新产生驱动作用。高正斌等（2020）认为，获得政府认定资格的企业能够享受税收减免优惠（所得税税率由认定前的25%调整为15%）和创新补贴，可以有效减弱公司的融资约束，分摊公司的科研投入成本和创新成果转化的风险，提升企业的预期利润。郭旭等（2017）以及何熙琼和杨昌安（2019）创新持续性使企业产生持续享受这种优惠政策的"状态依赖性"。而在这种情况下，认定政策的年度抽查监督机制在一定程度上能够驱动企业持续性地进行技术创新活动，不断地提高其创新产出。而且，高新技术企业认定是企业获得区域优惠政策和资金扶持的重要条件，也是新三板或科创板上市的必备条件。基于资源获取和后续发展的需要，企业通常会积极地投身于科技创新活动，不断提高其科技创新能力，增加其创新产出。其次，大多数企业创新活动存在着信息不对称、不确定性和回报周期长等特征，增加了企业的外部融资难度，而政府给予的高新技术企业资质认证能够改变外界对企业的信心（芮明杰和韩佳玲，2020），减弱了企业与外部投资者之间的信息不对称程度，促进其他企业、金融机构、社会资本不断投入企业中（郭玥，2018），同时外部多元化资金的集聚能够使企业形成稳定的资金链，从而为科技创新、技术研发提供充足的储备资金来源。因此，从信息理论出发，政府给予的高新企业资质认定向外释放的积极文件传递给其他企业、科研院所与高校等合作伙伴，一是能够降低基于合作基础的网络关系的不确定性，二是再加上信息技术优势的官方通道等，最终促进技术资源的不断集聚。此外，为了满足市场投资者、企业合作伙伴等利益相关者对盈利收益、投资发展及新技术的研发需求，企业需要不断在创新等方面取得新成果（Gomez-Uranga M et al.，2014），因而企业对外部利益相关者的迎合与反馈又进一步强化了政策的资源集聚效应。与获得认定资格前相比，随着企业创新网络的构建与扩展，资金、技术等创新资源不断集聚与内化，企业的技术创新水平也会不断地提升。

2.1.2 高新技术企业创新行为的内涵与特点

高新技术主要是指建立在知识密集、技术密集和资金密集的新兴技术基础上的技术群。根据美国《自然》《科学》等权威科学杂志的认定，现代高新技术主要包括交通运输技术、信息技术、新材料的开发与应用技术、能源利用技术、生物工程技术、环境科学与技术六个方面。国际组织对现代高新技术的定义增加了海洋技术、管理科学技术两项。中国的关键高科技领域包括电子信息、新能源和节能、新材料、高科技服务、航空航天、生物和新医药、资源和环境以及先进制造和自动化计八个领域。对于高新技术企业的界定，有两种具有代表性的方法：高新技术产业理论和纯技术理论。

2.1.2.1 高新技术企业创新行为的内涵

创新行为是指个人或组织在面对新的问题或机会时，采取创造性的思维方式和行动方式，以创造新的价值或解决问题的行为。创新行为通常包括：一是创造性思维，是指创新行为需要具备创造性思维，即能够从不同的角度看待问题，发现新的解决方案；二是实践行动，是指创新行为需要付诸实践行动，即将创意转化为实际的产品或服务；三是试错精神，是指创新行为需要具备试错精神，即不断尝试新的想法和方法，并从失败中吸取教训；四是风险承担，是指创新行为需要具备风险承担能力，即愿意冒险尝试新的想法和方法，承担失败的风险；五是合作创新，是指创新行为需要具备合作创新能力，即与他人合作，共同创造新的价值。因此，创新行为是企业发展的重要动力，它可以帮助企业不断提高竞争力，创造更多的价值。

自美国经济学家熊彼特（1922）将创新理念纳入经济学框架以来，已经成为国家与行业、企业与个体发展方向指引性思想，国内外学者从不同角度完善了创新的内涵。首先，从企业变革的角度来看，熊彼特从体制突破、干扰法分析静态稳定的方面论述创新，创新是企业实施变革的集合体（Myers et al.，1984）。其次，从企业创新行为过程来看，将创新过程划分为两个阶段，创新需满足创新意识和后期执行两个必要条件。傅家骥等（1992）指出，创新是企业为获取利益而实施的，包括组织内部活动、科技创新活动以及商业营销活动等综合过程。冯之浚（1999）认为，创新其实就是知识创造、科技成果转化和应用的过程，涉及新思想产生、技术开发、产品设计、生产前试验、生产和营销等一系列活动。再次，从企业创新的方面来说，国际经济与其相关合作组织（198X）曾强调技术新工艺、新产品经常用于生产或市场流通，Knight（1999）认为创新行为是组织与环境新的变化结果，熊彼特指出任一新生产方式产生意味着企业各要素是新的组合。另外，从创新的特殊属性角度来看，Holmstrom（1989）认为创新与常见生产关系不同，创新多具有不可预见性，拥有人力资源密集性，更具有高风险、异质性相搏以及科技成果转化长周期的特点，并认为企业创新行为一是兼具资本密集，二是脑力劳动密集型的投资性活动。最后，从资源利用的方面来看，彼得·德鲁克（2003）认为企业高级管理者创新意思是赋予资源新动力，聚合发挥资源新效应；从创新行为的途径角度来看，企业创新主要是有技术研发、技术咨询、技术转让和技术成果转化四个途径，指出要分析高新技术企业创新的内涵，首先需要明确高新技术企业的界定，强调高新技术企业首要具备企业的共性。综上所述，高新技术企业是否拥有技术领先程度以及其对市场的瞬息万变的把握，会直接影响企业发展。因此说明将高新技术企业定性为利益主导和兼备社会责任，企业以技术研发为生命线，力求于技术创新、知识创新同时以科技成果及时转化为根本，追求企业拓展空间以及高度重视新技术的时效性与核心技术密集，具备知识与资本密集共存的异质性组织体。

2.1.2.2　高新技术企业创新行为的特点

通常高新技术企业从科技研发投入至企业最终实现价值利润回报，大多需要面临从研发投入到实现科研成果转化两大风险，高新技术企业在创新过程中就如“死亡之谷”“达尔文之海”，从外部需求角度来看，企业发展以科技前沿技术为努力追求方向，对科技高端人才储备、引进先进理论知识或科学技术领域集合以及科研创新环境的依赖性极高，企业缺乏技术储备很可能会面临破产的危机；从内部需求及投入研发力度的强弱角度来看，企业创新过程中需要大量地投入资本，因为企业面临研发周期长，投入资金在短期内难以见到收益与撤回、较难转入新项目的限制，而且企业需要面临研发成果转化的预期不确定、投入资金无法收回的高风险；从企业成果产出的角度来看，当研发创新成果的转化成功并实现商业化回报、获得超额利润后，企业仍面临知识资本和信息资本的非排他性风险，而企业的“标榜”涟漪效应会导致其他企业效仿，企业一旦被效仿成功甚至被超越，成果的市场优势会被削弱，所以企业需要持续地将科研新成果转化为产出去维稳市场地位，这会促使企业将企业利润陆续增大对研发部门的投入，形成“可持续”的创新循环。高新技术企业创新行为的特点如图 2-1 所示。

企业在高新技术领域进行技术创新的过程中，高投入与高回报、高风险并存，研发是企业生产活动的重要组成部分。高新技术企业具有研发投入水平高的特点。研发成果在很大程度上决定着企业的未来，这使高技术企业的高风险创新成为可能。由于 R&D 投资的黏性以及 R&D 投资调整的高成本，因此 R&D 投资的退出可能直接导致 R&D 中断，将大量人力资本和无形资产转化为沉没知识成本，因此 R&D 投资是持续的。企业前期的高研发投入也会影响管理者的预期，管理者希望通过再次增加投入来缩短研发项目周期，降低失败的可能性，但这将进一步加大企业的资金压力。基于以上两点可知，高新技术企业的研发黏性进一步提高了企业的投资强度和风险，但研发黏性在一

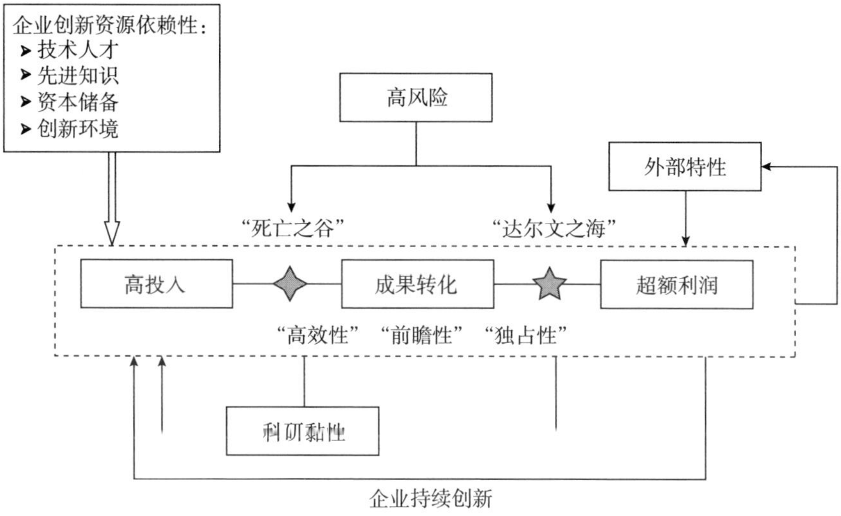

图 2-1　高新技术企业创新的特点

定程度上促进了创新的可持续性。超额回报和可持续性并存。高技术企业承受高投资、高风险压力的原因一方面来自创业创新精神，另一方面来自技术垄断对高利润的追求。面对知识的公共属性和扩散，高回报可以使企业为研发投资提供稳定的支持，可以说高回报和持续创新是高科技企业可持续发展的关键因素。高科技企业的超额收益和可持续性特征共同作用于企业，帮助企业实现可持续发展具有高度依赖性，正外部性并存。中国高新技术企业的发展依赖于内部和外部条件的支持，如智力资本储备、技术储备、市场需求和创新政策。

2.1.3　高新技术企业创新的相关研究

国内外学者在高新技术企业创新的研究、设计与研发、成本管理、创新体系、创新能力、价值评估、发展影响因素、创新绩效和创新效率等方面取得了广泛的成果。

（1）在高新技术企业创新的研发投资和管理方面，舒等（2009）对武汉光谷 132 家高新技术企业进行了研究，研究表明，企业 R&D 投资受发展规模、创新能力和财务水平的影响。何熙琼和杨昌安（2019）通过对 2007～2015 年上市的高新技术企业进行了实证研究，提出了创新投资应通过增加高新技术企业的资源、调整成长水平、提高管理层的预期乐观度来增强企业成长的黏性。桂良军等（2016）阐述了跨时空资源配置与战略成本管理的重要关系，并以苹果为例分析了跨时空资源合理配置的实现路径。

（2）在高新技术企业的创新体系、创新能力和价值评价方面，陈伯仲（2003）提出了高新技术企业可持续技术创新的概念和演化规律、可持续技术创新的模式和体系，以及可持续技术创新的评价指标体系，为企业提高可持续创新能力、保持竞争优势提供了路径。姜兴（2008）提出了内生技术创新能力的概念，通过聚类分析判断了创新人才、创新投资、制度等六个维度的影响因素对企业内生技术创新能力的重要性，在构建技术创新内生增长模型的基础上，他提出了企业均衡增长路径，并对 SZ 科技公司的内生技术创新能力进行了评价。李金华（2019）分析了 1996～2018 年高新技术企业的发展规模和经营状况，提出了培育高新技术企业科研创新能力的策略与建议。陈伯仲（2007）从高新技术企业当前盈利能力、未来盈利能力和行业发展前景三个方面提出了企业价值的形成，并构建了反映财务价值和非财务价值驱动因素的评价体系。

（3）在高新技术企业创新与发展的影响因素方面，Saxenian（1994，1996）从组织间互助与合作的角度研究了硅谷，相对分散但互利的产业创新体系促进了硅谷高科技企业的发展，而自给自足、相对独立的合作模式导致了 128 号公路的萧条，指出区域优势资源对企业竞争的重要性。Hsu 和 Hannan（2005）以中国台湾新竹的高科技企业为研究样本，提出组织间的深层网络互动关系有助于企业获取技术知识、改进生产管理方法和提高技术创新能力。Gilson（1998）从知识流动和知识溢出及员工流动模型的视角，重点研究了知识流动和知识转移方法在企业发展中的关键作用。章卫民（2009）从企业外部环境的视角，实证分析了影响高新技术企业发展的政策因素，评价了各项政策的效果，提出了政策设定的门槛标准，为优化公共资源配置，实现最有效的政策提供有益的思路。赵曙东（1999）认为企业技术创新的动力主要来自市场竞争压力和新的市场需求。科技发展和政策激励也在一定程度上促进了企业技术创新，不同创新阶段的企业创新动机存在差异。约束企业技术创新的障碍首先是人才不足，其次是资金不足。政府通过创造良好的市场竞争环境和出台具体的扶持政策，有助于高新技术企业减弱技术创新风险。

（4）对于高新技术企业的创新绩效，学者们主要从以下两个方面进行研究：第一，在绩效评估方面，孙晓宇（2009）构建了高新技术企业绩效的动态战略评价体系，运用平衡计分卡等方法对典型高新技术企业的绩效进行了评价，并从企业内部和外部两个角度提出了绩效改进策略；李等（2009）从技术垄断、人力资本、市场效率和创新动机四个方面评价了高新技术企业的创新绩效。第二，在创新绩效的影响因素方面，Therin（2010）通过对110家小型高科技企业的研究，实证分析了组织学习与创新绩效之间的关系；丁勇（2011）利用Cobb-Douglas生产函数研究了江西省高新技术企业在2002~2006年的数据，结果表明存量意义上的R&D能力对创新绩效有显著的正向影响，实证结果表明，随着企业规模的扩大，R&D能力的正向促进作用增强，且存在“U”形形态；曹勇等（2012）对118家高新技术企业进行了问卷调查，并对企业专利管理与创新绩效的关系进行了实证研究；朱丹和陈国庆（2013）运用激励相容模型，从高新技术企业研发预算的角度提出，企业研发预算信息越公开，越能激发研发人员的创新动机，优化创新绩效关于高新技术企业的认定与创新绩效；徐玲玲（2016）以2005~2014年上市的高新技术企业为研究样本，提出了高新技术企业资质认定鼓励企业创新，直接影响财务业绩，但投资者并未因高新技术企业资质而给予企业更高的市场定价，这可能受到投资者短视和股市不完全的影响；杨国超等（2017）指出，高新技术企业资质认定门槛导致民营企业研发操纵严重，研发操纵削弱了研发投入在发明专利申请和授权中的积极作用，导致研发绩效下降。

（5）其他学者基于生命周期理论对高科技企业进行了研究。从企业创新的角度来看，胡继灵（2001）基于高新技术企业生命周期的新生阶段、成长阶段、成熟阶段和衰退阶段，探讨了企业技术创新战略的选择，提出了高新技术企业在新生阶段和成长阶段主要可以模仿创新，在成长阶段和成熟阶段，应采用自主创新战略，而且还必须关注全球创新，合作创新贯穿于企业的整个生命周期。陶长琪（2003）通过分析高新技术企业产品的研发特点，即研发期、试用期、成长期、成熟期、衰退期和迭代期，揭示了高新技术企业不同于传统企业的生命历程，并提出了延长高新技术企业成长期的对策企业从降低研发风险、注重研发期间的工作成果等方面出发。余春生等（2000）从企业融资需求的角度探讨了高新技术企业发展的一般规律，提出了高新技术企业在不同的生命阶段，企业主体、融资策略和政府行为存在差异。苏亚民和陈琛（2017）从企业生命周期的角度探讨了解决制约企业发展的资金“瓶颈”的高科技企业融资策略。黄伟麟等（2014）采用定性与定量相结合的方法探讨了高新技术企业生命周期的划分方法，分别采用主营收入增长率、资产规模和现金流量组合法对上市高新技术制造企业 2008~2011 年的生命期进行了划分，提出了我国多层次资本市场的政策取向，以满足不同规模和发展阶段高科技企业的融资需求。常华兵（2009）从企业成本管理的角度，探讨了战略成本管理理念下高新技术企业三个生命阶段的成本管理战略。

此外，洪勇（2012）系统分析了高科技孵化的网络化运作机制，将运作模式分为三种主导类型：企业单核、科研院所和企业双核、多主体组合，并通过对相应案例的对比分析，阐明了每种运作模式的特点和差异。王珊珊（2008）详细分析了高新技术企业集群发展的特点、规律、策略和优势，通过实证研究评价了哈尔滨高新区生物医药集群企业的综合优势，并提出集群发展的对策建议。

本书将高新技术定义为：拥有世界先进的技术水平，以科技技术收入为主要收入来源，有强大的研发团队并拥有很强的创新能力，同时具有较高的研究与开发投入的企业。在调查样本的选取智能建筑相关企业，并且核实是以各省份认定和核查通过的高新技术企业名单为基础进行抽取。具体而言：①高新技术企业认定政策对企业创新产出的促进作用显著，即认定政策有助于提高企业的技术创新能力，在东部和中部地区政策效应较强。②在西部和东北地区，所有制性质起着重要的监管作用，认定政策对国有企业创新产出的促进作用更强；在东部和中部地区，认定政策对国有企业和非国有企业的激励效果没有显著差异。③资本和技术要素市场的发展水平对认定政策与企业创新产出的关系具有显著的正向调节作用，即资本和技术要素市场的发展水平越高，认可政策在促进企业创新产出方面的作用越强。其中，东部地区技术要素市场作用显著，中部地区资本要素市场作用显著。然而，东北地区资本和技术要素市场的发展水平制约了企业创新产出认定政策的推广。④所有权的调节效应取决于资本和技术因素的市场发展水平，且存在明显的区域差异。其中，随着东北和中西部地区技术和资本市场发展水平的提高，认定政策可以更好地提高非国有企业的创新产出，而在提高各要素市场发展水平的情况下，东部地区国有企业和非国有企业对识别政策的响应没有显著差异。

2.2 高层管理团队创新意识

2.2.1 高层管理团队创新意识的定义

高层管理团队通常是企业的核心资源，对企业的战略决策和战略部署有很大影响，同时发挥着协调和指挥的重要作用。李慧玲（2019）认为团队应该是至少两人或两人以上的个体，他们彼此之间必须同步协助，以一起完成相同任务为目标。一方面他认为协调是首要的，只有协调一致才是能够按质完成任务的关键；另一方面他认为团队目标要一致，只有方向一致才能按时完成任务，这两个方面是审核团队是否存在的主要要素。王婧等（2017）的观点是TMT成员都能将组织的完成工作目标放在最高优先级的TMT才是优质团队，TMT的每位成员都拥有独特的专业技能，并且能够互相支持，也能够很融洽地协同合作，且能开诚布公地与其他员工互动沟通。Katzenbach和Smith（1993）认为团队就是技术互补、信息共享、互相信任以设定考核标准为同一目标并且完成目标的小团体成员。孙海法和刘海山（2007）认为TMT应是具有高度信任的组织，员工之间互相协同，具有超长技能和人格魅力，向着TMT的使命和目标而奋进，个体之间团结互助、信息共享、沟通融洽、参与意见反馈、共同为企业的既定目标贡献才能。综上所述，TMT是为企业设定的绩效目标齐心协力拼搏的团队，具体包括企业主、职业经理人、董事长、总经理等拥有决策权，引导企业战略方向的关键团体。

蒋泰维（2012）指出，TMT创新意识和谋略是企业自主创新能否成功的前提，企业在创新创业期间，TMT是中流砥柱，起着非常关键的作用。TMT

各成员的创新意识、愿景和勇气决定着企业的发展模式和方向。如果 TMT 没有创新意识，就不能尊重科学、重视人才和步入科技兴企之路；没有创新意识，就不会去捕捉瞬息万变的市场机会，下决心重视科技投入，冒风险进行新技术、新产品和新工艺的开发；没有长远的远景和坚定的勇气，就不会尽全力引进或培育优秀的各类创新人才，因为企业自主创新就会受到挫折或失败，更不能做大做强企业。这是目前高新技术企业成功的普遍经验。企业的股东、董事长和总经理等 TMT 的文化素质十分关键。本书通过对上市的高技术企业公开数据调查发现，董事长的学历在本科及本科以上的占 62.1%，总经理的学历在本科及本科以上的占 67.7%，这为企业开展技术创新奠定了良好的基础（见表 2-1）。

表 2-1 公开数据调查结果

受教育程度	董事长（639 位）		总经理（581 位）	
	人数	占比（%）	人数	占比（%）
高中以下	49	7.7	28	4.8
专科	193	30.2	160	27.5
本科	224	35.1	235	40.5
硕士	146	22.8	132	22.7
博士	27	4.2	26	4.5

2.2.2 高层管理团队创新意识的内涵

朱山虎（2012）认为，创新意识是指大众根据市场和个体生活生产发展的需要，创造前所未有的事物或思想的动机，以及在创造过程中显现出来的意图、欲望和想象力。它是人们在意识活动中展现出积极而富有成果性，是人类进行创造性活动的起点和潜在动力。TMT 创新意识是指企业根据市场的需求，引起创造新产品、新技术的动机，并在管理的过程中表现出尊重和支持员工创新行为的一系列动作，是企业创新活动的出发点和内在动力。Eisenberger（2012）认为，所谓团体获得感是个体对团队如何对待他们的成就，并关注自身利益的总体感知和信念，或者说是个体所体会到有团队的支持，主要有员工能否感受团队的重视和员工个体的福利是否受到团队的关注两个核心要素。当员工对团队支持有积极的认知和体验时，他们也会对团队本身有积极的想法和观念，这种积极的观念会使员工更容易在自己的岗位上贡献与团队支持之间找到平衡，从而提高他们对团队的进取而努力。相反，如果员工觉得团队不重视他们的贡献和福利，员工的集体责任意识就会相应降低。因此，员工自然会降低对团队的情感承诺，降低工作绩效，甚至会产生离职想法和行动。

团体支持感强调员工感受到团体是否会认真地认可自己达到何种程度。其背后的内心想法主要是员工与团队之间的社会交流。通常社会交流均是基于信任和互利，双方之间的权利和义务关系甚至可以超出各自角色合同约定的范围。根据社会交流的特点，在维护员工与团队的关系方面，员工通过努力工作体现对团队的承诺和忠诚度，以获得物质和精神上的回报，如工资、福利、认可度、欣赏和慰问；相反，当员工意识到团队支持、理解他们自己时，他们会对团队产生一种义务感，然后通过提高组织承诺和表现出能够促进团队目标实现的行为来履行他们的义务。由此可见，团队支持从某种意义上来说员工交流意识完全取决于团体对员工的支持程度。员工愿意留在团队并为团队定制目标努力工作的根本原因是，员工觉得他们对团队的贡献等于或相对公平于他们从企业获得的回报。

2.2.3 高层管理团队创新意识测量

第一，能够尊重不同的意见与异议。尊重组织中的公平性，主要通过组织的一些制度，如上报机制、畅所欲言等。此题参考 Farmer（2003）量表。

第二，鼓励员工尝试新技术，开发新产品。由于高层管理人员往往被视为组织的体现，有效传达管理者的支持将直接对员工的组织获得感积极显著。此外，TMT 还需要在自身的管理实践中对员工的创新表现给予积极的评价，并经常通过公众奖惩等方法以体现管理者比较关注和关心员工的贡献。此题参考 Scott 和 Bruce（1994）量表。

第三，对员工的创新行为提供各种支持，提供积极的褒奖措施，包括尊重人格和福利补发措施，以及物质支持。研究发现，组织对员工的积极支持措施会很大程度上影响员工对组织的获得感；与非积极支持措施相比，在积极支持措施的条件下，员工的组织获得感高出 6 倍。当然，组织也应该注意褒奖措施的独特性，要根据每个员工的实际情况采取有针对性的措施。组织只有这样实施褒奖措施才能展现最佳效果。此题参考 Farmer（2003）量表。

第四，对于创新导致的失败持宽容态度，在此 TMT 管理者应积极发挥对员工贡献价值的给予正面评价，以及对员工的福利积极关心，并对创新失败的产品或技术也给予肯定，鼓励员工继续进行下去。如对员工的失败给予极度宽容，可以明显地提高员工的组织获得感。另外，这时 TMT 管理者不仅要为员工做点什么，还要让员工理解这些行为背后的含义，员工感觉到这些行为的动机是由于组织对员工的积极关注，而不是受外部环境或条件的压力。此题参考 Holmen 和 Podersen（2003）量表。

2.2.4 控制变量

大量学者是从高层管理团队的背景特征、团队冲突、认知异质性以及认知多样性的研究方向进行对企业绩效的影响研究。为了弥补这部分研究的不足，本书在分析前人相关研究成果的基础上，以科创板上市企业高管团队为样本，从高管团队认知需求和认知能力两个维度进行实证分析，结合激励机制（股权激励与晋升激励）对 TMT 创新意识的调节作用，分析 TMT 创新意识对创新绩效的影响。结果表明，激励机制对 TMT 创新意识与创新绩效的正向关系存在着显著正向调节作用，具有很强的 TMT 创新意识比弱的创新意识的 TMT 团队对企业绩效的正向作用效果更加显著。Cannon 等（1997）的研究证实了团队认知在工作中的重要作用。企业在管理过程中依赖于团队来处理一系列复杂难度的任务，团队工作目标的完成需要团队成员相互协助和支持（Fiore，2010），而团队认知作为组织内部资源整合的一种过程和机制正逐渐成为 TMT 研究领域的重点。Jun 等（2007）认为通过协调团队成员间知识与行动，使团队认知对企业绩效具有巨大的作用。Levesque 等（2001）从认知的视角构建了共享信息模型，分析了 TMT 与企业绩效的关系。

贺立军和王云峰（2010）研究发现，TMT 互为认同的合作、相互学习组织行为，即行为整合对企业绩效有正向影响。王海霞（2008）认为，团队互动过程是团队输入环节和输出环节关键的转化阶段，对团队认知的理解将有助于提升企业绩效。严立锋（2009）用实证方法证明团队情商（Emotional Intelligence）在组织规模、组织类型、组织发展阶段等存在异同且与创新绩效之间存在显著正相关。汪洁（2009）以创新管理视为信息加工单元，从认知信息加工的分析视角展开了对 TMT 认知冲突及其影响企业绩效的目标。高层梯队理论建立了高层管理者的心理特征与可观察的人口统计方面的特征、激励机制和组织绩效之间的联系，强调高层管理者的认知对企业绩效的影响（Hambrick and Mason，1984）。后续的研究主要围绕以下三个方面进行：

第一，特定的高管团队人口特征。如年龄（Age）、受教育水平（Educational Level）、专业背景（Professional Background）和任期（Term of Office）等对企业绩效等组织结果的影响。研究发现，由于个体成员长期在一起工作，一些与信息相关的想法和行为会逐渐影响团队中每个成员的行为，尤其是（Smith et al.，1994；Finkelstein and Hambrick，1990）信息共享与沟通行为。Katz（1982）在研究团队管理者任期与企业绩效的关系时，发现高管任期与企业绩效大约是倒“U”形关系。他的研究结果显示，TMT发展可以分为三个阶段：融合期（Fusion Period）、革新期（Innovation Period）与稳定期（Stable Period）。整合期的执行团队政策，即在创建的早期阶段，通常很难有效实施，因为成员之间的整合程度很低。随着团队协作时间的推移，团队协作将进入一个创新时期。团队成员会分享不同意见，陆续找到属于自己的角色，发挥团队优势。在发展2~5年后，这种全面互为协助与沟通的趋势逐渐变弱，使团队逐渐步入了稳定期，多数团队成员之间比较赖于惯例，造成团队个体成员缺乏机动性与创新滞后，影响企业绩效下降。

第二，高管团队认知需要和行为过程，即管理者的认知模式与沟通、团队认知差异与决策结果对企业绩效的影响。Amason和Sapienza（1997）把高管团队内的冲突分为认知冲突与情感冲突。由于TMT认知冲突有助于组织成员的头脑风暴和一致思维。所以，团队冲突与管理者做出的决策效度、吸收及应用程度与企业绩效正相关。但是情感冲突不但能降低决策者的决策效度与组织个体之间的谅解，而且极大减弱团队成员间的满意度与归属感，很大程度上损害了团队成员间的友情，从而导致团队执行力效能降低而影响企业绩效。Porter（1996）为了使团队更为有效地团结互助，组织理应制造认知冲突氛围，抵制情感冲突的团队氛围。Chowdhury（2005）认为团队冲突也许会提高团队个体间的抵触与不悦，但也确实可以加强互相理解与创新行为，高效利用认知冲突TMT具有更好的企业绩效。

第三，高管团队的认知能力对企业绩效等结果的影响。高管团队的认知能力主要从TMT个体成员之间人口背景特征以及重要的认知差异观念、价值观、心理特征及工作经验的差异化是相对的；同质性就是指团队个体成员之间对以上观念、心理特征及认知特征的相似性（Finkelstein and Hambrick，1990）。高管团队认知异质性方面的研究主要是关注团队的年龄（Age）、任期（Term of Office）、教育（Education）、工作经验（hands-on Background）等与企业绩效的关系。Cannella 等（2008）研究表明，TMT 认知差异对企业绩效之间存在显著的相关关系，而这种关系同时受到企业主体、高管团队或组织所在社会背景、行业类别及资本市场环境的影响。管理者在不同的行业和企业，或者说在同一企业内任职不同的部门职务与工作经验均能影响他们的知识结构、价值观的认知与形成以及工作能力取向（Hambrick and Mason, 1984）。高管团队成员的工作经验差异与企业绩效，在全球化科技程度相对低的企业中是负相关关系，而且这种负相关关系在团队管理者任期时间较短的企业中体现得最为明显（Carpenter, 2004）。但在全球化科技程度相对较高的企业中，高管团队成员的工作经验差异与企业绩效是正相关的，高管团队成员的工作经验差异化程度越高的企业，其绩效越差。

高层管理团队企业发展的好与否离不开好的战略方针，本书正是从企业战略视角发现企业中 TMT 的意识的研究是高层管理者的意识研究。从组织内部的管理者结构的不同层面来看企业、高层管理团队及企业文化层面对战略和变革的认知及其模式，对企业战略变革认知与选择具有重大影响。在企业中，以高级管理者为首的高层管理团队是领导战略变革的责任团体。许士军在《变革之心》一书中指出，站在管理者的立场，主要目的不是紧盯一个组织的安稳和绩效，而是带动组织变革，这会促进“变革管理”成为主流（Main Stream），而经营人的角色也必须成为“领导变革”的领导者。约翰·科特在《领导者该作什么》一文中更是明确地指出，领导和管理是两个截然不同的概念，管理者追求稳定，领导者则力求变革，真正的挑战在于将强大的领导和管理有机地结合起来，并取得二者的平衡。企业的高层管理既是管理者，又是领导者，他们需要在稳定和变革的平衡中寻求企业的发展之路，因而对企业战略变革的研究应当首先从高层管理者入手。人类不同于动物的本质，人类具有思想和意识，除了在应急状态下做出本能的反应以外，人类的行为都是在其思想影响下产生的，是其对环境和自身认知后的复杂结果。

因此，从对战略变革的认知视角，研究企业的战略管理团队对复杂动态环境和企业自身资源、能力等关键战略变量的认知，从而对战略作出符合情理的变革选择，并探讨其后续影响，符合认知—行为—影响的基本范式。

此外，从认知的角度看组织文化，文化就是组织层面的认知，它对组织战略的形成、决策过程及其实施都将产生潜在的重大影响，因而也是战略变革认知视角研究中不可忽视的因素。其实，战略管理学者越来越关注战略决策者的认知。这种趋势的形成是因为在研究环境（Environment）、战略（Strategy）、组织行为（Organization Behavior）之间的相互关系中，逐渐明确核心决策者认知的重要性，同时越来越明白认知在企业战略问题分析和问题处理中的作用。例如，在战略制订的企业家模型中，新战略的开发典型的是以“单纯的非凡脑力”的方式完成的。他们得出结论认为，正是企业家模式是大多数显赫公司成功的关键。同时指出，战略决策制订受认知框架及组织“高层经理”决策过程的影响，而行为结果、战略及其有效性被视为在企业组织中高级管理者的价值观和认知基础的映射。对学者而言高层经理及其团队的研究至少有三个方面的好处，对董事会而言它可能更好地预测组织绩效，对高层经理自身而言它有利于选择和培养高层经理，有利于预测竞争对手的变化和反变化。基于企业高层管理认知的视角研究战略变革，意味着要研究高层管理者是如何思考战略变革及其选择的，哪些因素影响他们的战略变革思维，他们的信念、价值观、潜在假设及其认知过程与行为是如何影响战略的，这些问题有些是企业高层管理者日常所思所为，有些则潜在地决定着他们的思与行，而不为自身所知。

综合上述分析，可以归纳本书的选题和研究的基本逻辑。首先，当今多数企业所处的环境不再是稳定可预测的环境，以环境稳定可预测假设为前提的传统战略理论已经不能适应现实的需要。企业在复杂动态的环境中如何竞争与合作，是战略理论与实践面临的新的重大课题。唯有不断变革的企业才能生存和发展。因此，研究战略变革具有理论和现实的双重意义。其次，国内外对战略变革的研究，仍然存在大量未解决的问题，研究结论的相互矛盾难以对企业提供现实指导。同时战略理论的研究过于关注理性选择和客观描述，忽视管理者的战略认知，因而存在明显的逻辑缺陷，迫切需要从认知的角度研究企业高层管理者对战略及其变革的所思所为，只有如此，才能真正贴近战略变革问题的核心和源头。最后，关于战略内容。定位学派就战略内容提出了三种通用战略成本领先、标准差异化和目标汇集战略，并认为三种通用战略具有不相容性。

2.3 创新绩效

2.3.1 创新绩效的定义

创新创造了相对于竞争对手的战略优势，决定了企业的成长和长期生存，企业的创新行为易受组织内外部环境干扰，大多情况是许多因素互相作用的结果（Ahlstrom，2010）。作用于企业创新绩效的诱因一是来自团队内部（如TMT 个人特质、TMT 社会关系与企业资源等），二是来自团队外部（如企业利益相关者的合作、政府的相关政策等）。TMT 的背景和个性特征决定了它的意识和价值观，从而影响了企业的战略选择和绩效（Hambrick and Mason，1984；尉建文等，2007）。网络有丰富的资源，企业深入到合作网络，可以提高外部资源的获得，增强对核心资源的控制权，有助于企业创新绩效的提高（刘超等，2017）。所以，作为企业内部因素的个性特质和社会关系、作为外部资源能影响企业的诱因，以及网络深入都会制约企业创新绩效的重要因素。

根据对现有文献的研究发现，学者们从系统和组织两个层面剖析技术创新绩效：一是从系统层面来看，技术创新可视为一个复杂的系统，系统中宏观与微观、纵向与横向、内部与外部等因素交互影响，形成紧密、动态且开放的技术创新系统（钟祖昌和陈功玉，2006）；二是从组织层面来看，企业是一个具有独立行为的主体，企业技术创新是指企业组织协调研发、生产与市场部门，从事技术创意、实施研发、计划生产和绩效评价等一系列与技术创新相关的活动（徐建中和曲小瑜，2015）。已有研究关于技术创新绩效概念的界定，主要是从创新的过程和结果两个视角进行了概括（见表 2-2）。

表 2-2 不同研究视角下技术创新绩效的定义

研究视角	代表作者	定义
从创新结果视角	Coombs（1996）	通过对企业创新的案例研究，认为技术创新绩效是企业研发投入、知识学习和技术产出的结果表现
	Prajogo 和 Ahmed（2006）	从创新结果视角，指出技术创新绩效是产品创新的结果，包括产品的种类和变革速度
从创新过程视角	Mumford（2000）	认为技术创新绩效不但是企业新技术、新产品产生的利润，还包括获取的新知识、新流程和创新氛围
	Hagedoom 和 Cloodt（2003）	认为在技术创新的想法、计划、生产以及在产品改进的整个过程中企业所获的利益是技术创新绩效
	Joaquín 和 Chiva（2008）	认为技术创新绩效应从用户需求度、品牌知名度、产品利润率和市场竞争度来衡量
从创新过程与结果视角	高建等（2004）	认为技术创新绩效是技术创新过程的效率、产出的成果，以及对企业发展的贡献，因此包括技术创新产出绩效和技术创新过程绩效
	陈劲和陈钰芬（2006）	技术创新绩效是创新产出绩效和创新过程绩效的总和，其中创新产出包括研发、生产和营销，创新过程是指技术创新活动的管理水平

本书主要参考 Aouad 和 Ozorhom Abbott（2010）对创新绩效的定义为通过企业内部因素的个性特质和社会关系，以及作为外部影响因素的企业技术嵌入影响企业运营的结果。

2.3.2 高管创新团队的个性特质与创新绩效的关系

TMT 的特征尤其是个性特质是决定企业绩效的更为核心的因素（McDonough and Barczak，1992）。前瞻性人格是指个体在各项活动和各类情境中表现出主动性的人格倾向（Seibert S E et al.，2001），前瞻性人格对企业创新绩效具有正向影响（吕霄等，2016），TMT 风险倾向是反映 TMT 决定采取或避免风险的累积倾向的特性（云虹等，2011），具有高风险倾向特质的 TMT 更容易识别企业所需的高价值资源（赵观兵等，2010）；TMT 的成就需求、风险倾向均正向影响企业技术创新。

不同领域的学者从不同视角对 TMT 个性特质与企业创新绩效的关系进行了研究。TMT 个性特质对企业创新绩效的影响，不同领域的学者从不同视角对 TMT 个性特质与企业创新绩效的关系进行了研究。Beatty 和 Zajac（1994）研究结果指出，作用个人创新行为的要素有人员特点、领导授权、组织与新氛围。Ong 等（2003）从新加坡的一家日资公司的职工进行入手访谈，在研究企业内外部因素对个体员工的创新行为的影响时，他们从所筛选的九家企业内部因素（员工层次、部门互相交流、知识获取与传播、领导人格魅力、团队相互支持等）通过分析发现，外部因素的影响均不是很显著，知识的吸收与传播对个人创新行为有影响。国内的相关学者从具体的切入点对个人创新行为影响因素来展开研究。刘云和石金涛（2010）指出，通过心理授权的介质实现的组织的创新氛围对员工的创新行为有显著的影响；员工对于激励的好恶能够正向地作用创新行为，而且能够调节组织创新氛围与员工创新行为之间的关系。薛靖和谢荷锋（2006）通过个案深度访谈来得出结论，认为个人知识转化能力、网络中心都对个人的创新行为有明显的正向影响，同时指出了企业员工的知识转换能力、网络的中心及个人创新行为。王双龙和袁庆宏（2010）认为，整个团队创新氛围、团队的互动与团队的学习等因素对于某一个团队中的成员个人创新行为产生较大影响。毛世佩（2008）以科研人员为研究对象，以实证研究为手段发现，不同的人际和谐倾向对沟通方式的影响效应有所不同，不同的沟通方式对个人创新行为的作用不同。

2.3.3 创新绩效的测量

创新绩效指标有两种测量方法：一种是客观测量法；另一种是通过开发量表主观感知的方法。在客观测量法中，学者们从不同的角度采取了不同的测量指标；在主观测量方面，学者们采用对创新绩效指标进行评价的量表，通过企业成员对指标的主观对比感知来衡量，如张兰霞等（2019）、姚艳虹和衡元元（2013），开发的量表包括衡量创新过程绩效和创新结果，通过对量表内容的主观评价作为衡量结果（见表 2-3）。

表 2-3 创新绩效测量指标

维度	编号	测量内容
企业创新绩效	Y1	技术创新保证了本企业能够跟得上市场变化速度
	Y2	技术创新保持和巩固了本企业的市场地位
	Y3	技术创新保证了本企业相对于其他竞争者的技术优势
	Y4	技术创新构成了本企业的核心竞争力
	Y5	技术创新为本企业的长远发展奠定了较好的基础
	Y6	产品投入的市场获得的认可度
	Y7	产品成果转化的效度

2.3.4 研究述评

与 TMT 的年龄、性别、学历、专业背景、任期等人口统计学特征相关的研究已经非常成熟，因此本书不将此作为重点研究内容。而有关组织行为学方面的 TMT 人格特征相对研究较少，高阶理论研究很少关注人格因素论，一方面是 CEO 常常不愿应对冗长的心理量表以致无法实施（Hampriek，2009），另一方面是心理量表答案的主观性。但人格是“相对永久的，根深蒂固的性格”，TMT 人格会影响他们如何关注和处理有关环境、公司及其自身能力的信息（Finkelstein et al.，2009），影响 TMT 的战略选择和决策，对新产品开发绩效、技术创新绩效、管理创新绩效等有非常重要的促进作用，所以本书以 TMT 个性特质为研究重点。学者们主要研究了 TMT 个性特质对企业创新绩效是否有影响，如 Aronson 等（2006）发现，神经质、外向性、情绪稳定性、开放性四个个性特质对新产品开发绩效有正向显著影响；李正卫等（2013）通过回归分析发现，前摄性对创新绩效有显著的正向影响；肖红新和陈秋华（2019）通过结构方程模型检验了创业者的风险倾向特质对新创林业企业绩效没有显著的影响，成就需要未产生直接影响。目前，关于 TMT 的不同个性特质对企业创新绩效影响的程度大小还没有详细研究，本书通过优势分析探讨 CEO 的不同个性特质对企业创新绩效的相对重要性，以此可以给企业选聘合适的企业领导中心提供一定的指导。以往对网络嵌入的研究，着重关注了网络嵌入对企业创新绩效的直接影响，以及网络嵌入通过某些中介变量间接影响企业创新绩效，研究结果已取得以下共识：一方面网络嵌入直接正向影响或间接正向影响企业创新绩效，另一方面过度网络嵌入可能会产生锁定效应，不利于企业创新绩效的提升。但对于网络嵌入作为中介变量对企业创新绩效影响的研究比较少，因此本书探讨网络嵌入在 TMT 特征与企业创新绩效之间是否发挥控制作用。

目前对企业创新绩效影响的研究多数研究单一层次要素的影响，仅考虑了企业层次要素，或者只考虑了网络层次要素，部分学者从两个层面入手对企业创新绩效进行研究，但从动态角度进行跨层次研究的文章很少（Guler Nerkar et al.，2012）；随着高阶理论的发展，学者们深入研究了 TMT 背景特征，特别是人口统计学特征对公司战略的判断和决策的影响，主要因为人口统计学特征这些指标是可观察和可测量的特征，因此成为高阶理论文献中研究最多的TMT特征之一，企业个体层面、企业间关系、企业网络三个不同层次要素之间的交互作用对企业创新绩效的影响不同。

因此，本书从探索性研究出发，基于高阶理论、委托—代理理论、技术创新理论构建跨层次的“TMT创新意识—员工创新行为—创新绩效”的分析框架，实证分析TMT创新意识、员工创新行为和企业创新绩效三者之间的关系，探讨TMT不同特征对企业创新绩效的直接影响、TMT通过网络嵌入对企业创新绩效的间接影响，以及TMT创新意识与员工创新行为的跨层次交互作用对企业创新绩效的影响。

2.4 创新管理理论

创新是企业、地区与国家核心竞争力的主要源泉，技术创新投入是近年来在管理学中发展迅速、综合性强的新兴学科，是一个涉及经济学、会计学、管理学、社会学、心理学与工程学等诸多学科的综合性研究领域。不同学者的背景知识、认知水平、研究视角都有差异，因而技术创新是一个百花齐放、百家争鸣的综合性研究领域。与经济学、营销学等学科相比，技术创新投入作为一门独立的学科时间并不长，还没有完全形成一套标准的研究范式，因而其学科体系各抒己见。综观目前国内外关于技术创新投入理论体系的研究成果，从不同角度划分、有着不同的分类方式。从整体角度而言，技术创新投入可以定义为狭义和广义两种，狭义的技术创新投入主要是指企业的技术创新投入，孙洪敏等（2006）和阎军印（2001）从企业内部开展技术创新活动的角度出发，将企业技术创新投入的研究体系分为资源管理、决策管理、过程管理、绩效管理、风险管理、制度管理、营销管理和文化管理八个方面，如图 2-2 所示。

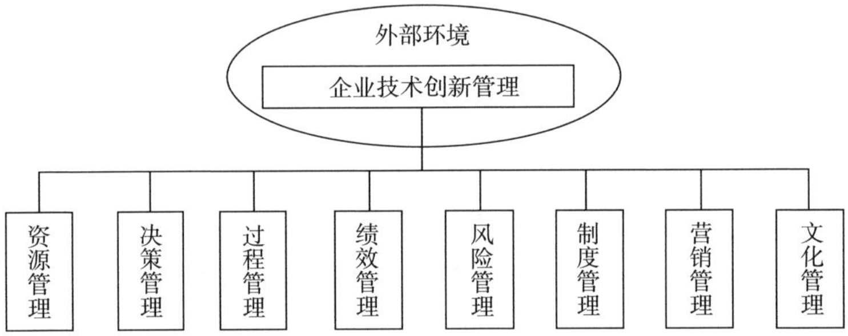

图 2-2　企业技术创新投入的研究体系

上述八个板块共同形成企业技术创新投入体系的整体框架。同时，管理体系的运行需要外部环境与政策、经济、社会文化等外部环境的支持，因此，有必要将技术创新投入体系的研究进一步拓宽至外部环境的研究。广义的技术创新投入包括创新的外部环境，涉及整个科技政策、经济以及社会文化等因素。广义的技术创新投入研究可以分为宏观层面（国家）的技术创新投入、中观层面（团体、地区）的技术创新投入、微观层面（经济实体、企业）的技术创新投入，每个层面都有各自的研究视角和研究重点，如图 2-3 所示。

实际上，随着相关研究活动的深入，对企业内部技术创新投入过程的独立研究相对较少，而根据管理实践的需要，注重问题导向的研究则成为国内外技术创新投入的研究趋势。创新能力与测度、技术创新战略、组织系统、创新系统、知识产权与技术转让、创新网络、创新扩散、创新与经济增长等主题一直都是技术创新投入领域相关学者关注的重点（高建，1998）。近年来，研究开放式创新、绿色创新与低碳、可持续创新等，均是围绕当下的经济社会活动现状，提出的具有针对性的研究课题。这些学术界关注的研究主题分别来自技术创新投入研究的微观层面、中观层面和宏观层面。然而随着理

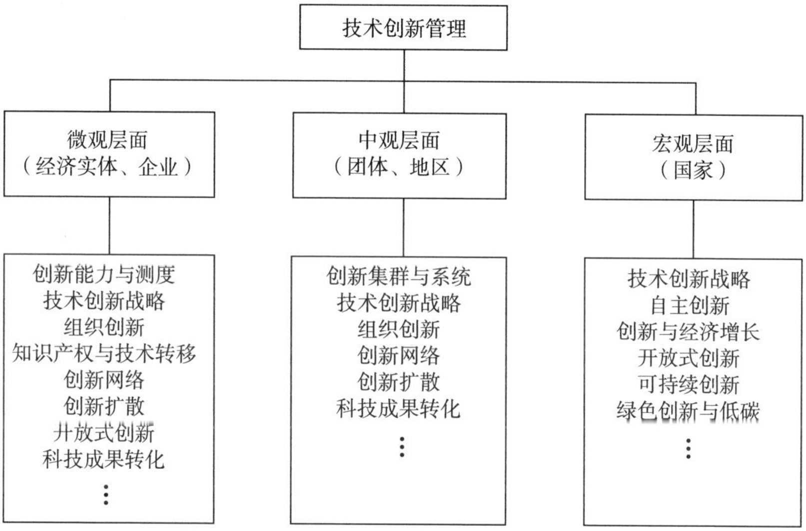

图 2-3　技术创新投入的研究体系

论的演化，某些主题也不仅在初始的研究层面展开讨论，如技术创新战略来自企业（微观）层面，而且已经上升到国家技术创新战略层面。

综合技术创新投入类文献的整理分析，并结合近年来技术创新投入主要领域研究状况的变化，技术创新投入是提高企业的增长质量和效益，用高新技术改造传统产业的根本途径，也是推动企业实行产业结构调整，大力发展高新技术，增强企业发展后劲的倍增器。从一定意义上讲，企业的生命力就在于企业技术创新投入的能力。改革开放以来，中国企业技术创新投入取得了一定的成绩，特别是在发展高科技及其产业化上取得了一定的成果，但是由于受传统体制的影响，企业自主技术创新投入环境尚未形成，技术创新投入在企业中还未得到充分的认识与发展，严重影响着企业的发展。总体来说，技术创新投入对经济增长还远未发挥巨大的促进作用。企业技术创新投入的过程如图 2-4 所示。

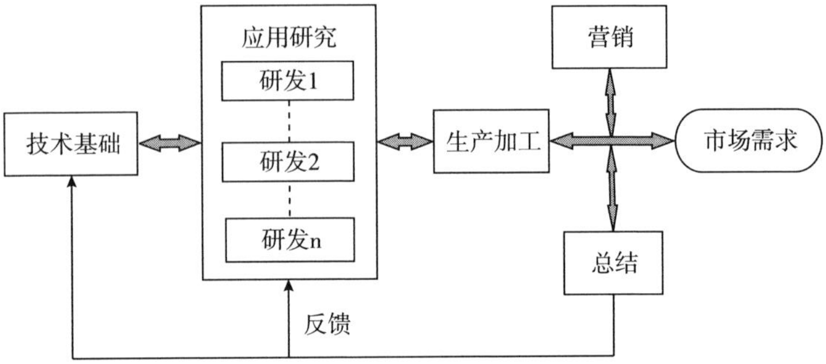

图 2-4　技术创新投入过程

企业的技术创新投入不能仅因为技术创新而创新。不管是何种技术创新模型，均应从企业长远发展的角度来考虑问题（Philip Bucher et al.，2003）。新产品项目的研发与管理是企业整体的活动。Rob Coombs 等（1998）认为，应将技术创新投入看作对企业创新整体战略目标做出贡献的多种活动过程中的一种，或者说应该从企业整体活动的角度来看待技术创新投入。将技术创新投入作为企业的整体活动，需有相应的组织管理体系作为保障。换句话说，企业在考虑技术创新项目管理时，不可避免地要将组织管理包含在内，这是企业技术创新项目体制模型的特点（Markus C Becker，2006）（见图 2-5）。

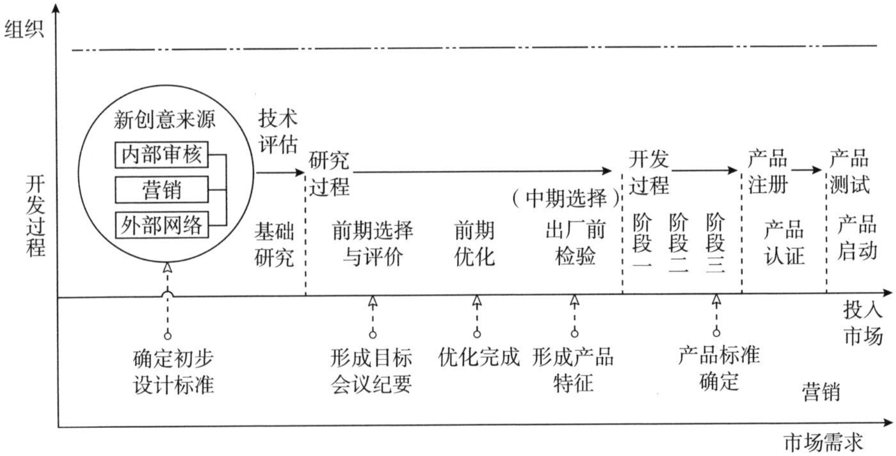

图 2-5　技术创新投入的体系模型

2.5 员工创新行为

2.5.1 员工创新行为的概念

员工创新行为是指在生产工作过程中，员工积极想出新办法、使用新技术、改进和优化工作流程、改进管理方式方法并推动和实施这些新的办法和举措的活动。员工创新行为指的是个体的创新研发能力，是企业创新的基础。

Amabile（1988）提出，员工创新行为是指员工对企业产品和服务质量、对产品和服务的制造方法以及企业管理运营提出富有创新性的点子并积极努力实施，提升企业竞争力的活动。West 和 Farr（1989）认为，员工创新行为是指企业员工个体提出新的想法和新的流程并付诸实践，取得成果的活动。Scott 和 Bruce（1994）认为，员工创新行为是提出别人从未提出的新的创意，产生新的构想，想出问题的解决方案，并将产生的创意和构想进行推动并实践，从而转化成产品或者制度的过程。Amabile（1996）提出，员工创新行为是指员工产生创造性想法并成功实施。Jansen（2006）、Zhou 和 George（2001）均认为，员工创新行为是指员工孕育新构想、新内容进行推动并实现构想的活动。Kleysen 和 Street（2001）认为，员工自身的创新行为能力包括挖掘机会能力、识别机会的能力、提出办法并形成调查的能力以及相互支持，并应用在具体领域的能力。刘智强等（2015）采用了 Jansen（2006）开发的 9 题项量表，认为员工创新行为是指员工在生产期间产生新理念并加以实施的活动，具体包括提出创意、推展创意和实施创意三个方面，经过实证表明量表有良好的信效度。也有学者对 Kleysen 和 Street（1930）提出的观点进行了实证，经过实证得出的结论是创新理念和实施创新理念两个阶段的过程。

本书参考 Jansen（2006）和刘智强等（2015）对员工创新行为内涵的理解，认为员工创新行为是指员工个体在生产过程中提出创意，如引入想法、想出新的工作方式方法、引入新技术和设备；推展创意，如他人推广介绍新想法，以寻求他人合作与支持；进而实施创意比如把新点子付诸实践，想出解决的方案，转化成对企业有用的实践成果并跟踪评价和应用。

2.5.2 员工创新行为的相关研究成果

学者们对创新的前因变量研究方面的成果非常多，而结果变量的研究相对来说较少。以下是一些学者的主要研究成果。

2.5.2.1 因变量研究成果

第一，部分学者认为，员工的创新行为受到个人的性格特征、人的知识储备、人的技能水平、情感、心情、欲望动机等心理因素、个人的价值观和目标导向、自我效能感等的影响。如 Richard 和 Willian（2010）认为，员工的经验、知识技能和水平对员工创新行为有影响。Belloc（2012）研究表明，员工发现和分析问题、解决问题等这些知识和技能水平对员工创新行为起显著影响作用。Scott 和 Bruce（1994）的研究结果表明，人的欲望与动机等心理特征与员工创新行为有很大的关系，内在动机强烈或受到主管和领导正向激励时，产生的积极的心理状态促进人的创造力的提升，创新行为越强，反之内在动机弱，或员工受挫、沮丧时创造力低下，创新行为就越弱。Hodgkinson（2011）实证研究表明，员工的价值观和目标导向与员工创新水平具有相关性。Richter（2012）研究成果显示，企业员工的创新自我效能感与员工的创新行为有联系，自我效能感能有助于提高创新水平。

第二，部分学者认为，外在环境如任务复杂程度、领导风格、领导和主管的激励和支持程度，员工所处的社会网络节点对员工创新行为具有重要影响。Ohly 和 Fritz（2010）的研究表明，领导和主管交代的任务具有多样性和复杂性时，员工所用的时间越多，产生的工作压力越大，员工越需要自我激发或者通过寻求其他帮助充分发挥他们的创造力和想象力，做更大的创新，因此，工作任务对员工创新行为产生影响，任务多样和复杂，创新性就越高、越显著。Tierney 和 Farmer（2011）、王端旭和洪雁（2010）的实证研究表明，领导的风格，以及领导和主管对员工的态度，如是否采用激励机制激发员工，是否鼓励和支持员工，是否有期望值等，都会影响员工创新行为。领导和主管有高的期望值，同时会激励员工，支持和鼓励员工，员工的创造力就越强，反之创造力就越弱，创新行为就不明显。Perry-Smith（2006）和 Baer（2010）发现，社会关系网络大小与员工创新行为有相关性，社会关系网络大小和创新程度之间呈倒"U"形关系。根据前面的分类，员工创新行为因变量的主要研究成果整理归纳如表 2-4 所示。

表 2-4　员工创新行为因变量的主要研究成果

研究视角	研究者	结论
个体因素	Amabile（1988）	个性因素、内在动机、拥有的知识会影响个体创造性
	Shalley（1991，2004）	个体抽象思维能力和认知能力是员工创造性的重要先行因素
	Oldham 和 Cummings（1996）；George 和 Zhou（2007）	积极情感会增强员工的创造性
	Oldham 和 Cummings（1996）；Zhou（2009）	创造性人格影响创造力
	卢小君和张国梁（2007）	内部动机是促进个人创新行为的重要影响因素
情境因素	Woodman（1993）	组织文化、资源、报酬、技术、战略和结构等组织特征都会影响员工创造性
	Amabile（1996）	安全的、积极的、无压力的氛围会提高个体的创造力
	Zhou 和 George（2003）	领导特质会影响创造力，领导特质包括领导者的智商与情商，领导者的认知风格，领导者的内在动机等

续表

研究视角	研究者	结论
情境因素	Jansen（2005）；Abbev 和 Dickson（1983）	领导和组织气氛的支持会促进创新行为
	Scott 和 Bruce（1994）	领导—下属关系会影响员工创造力
	Amabile（1996）	过分的时间压力和超负荷的工作负担会减少员工的创造性活动
	Farmer（2003）；Shalley（2009）	挑战性或复杂性的工作会提高创造性
	Perry-Smith（2006）	弱关系会激发创造性思维
	Zhou 等（2009）	弱关系数量与创造力呈倒“U”形关系，个体的一致价值观起到调节作用

资料来源：笔者根据相关文献整理所得。

2.5.2.2 员工创新行为的结果变量研究成果

目前关于员工创新行为的结果变量研究较少，一部分研究表明，创新与个人绩效和工作满意度之间存在一定的关系，但是另一部分研究表明，创新和个体的绩效以及工作满意度之间存在着联系。Zhang 和 Bartol（2010）研究发现，创新绩效部分整合了创新过程投资与企业绩效之间的关系。也就是说，创新绩效对员工的全部绩效有显著影响。Livingstone 等（1997）研究结果显示，员工能发挥自身创新能力，与工作要求具备创新能力相适应时，能够大大提升员工对组织的工作满意度，并且还可以舒缓工作的压力。

2.5.3 员工创新行为的维度和测量

以往学者们对员工创新行为的测量有些是单维度量表测量，有些是多维度量表测量。以下是经过梳理相关文献之后，整理而得出的学者们对员工创新行为采用的维度和测量方法。

第一，员工创新行为单维结构及测量量表。Scott 和 Bruce（1994）编制的员工创新行为量表至今仍被后来的学者广泛使用。他们通过深入企业，采访企业的 CEO 及副总裁，取得访谈资料进行整理编制，采用李克特五级量表的方法，用于测量企业员工在出新技术、新程序、新制造方法、产品和服务新创意、寻求他人对创意的支持和帮助并推展、实施创意这些创新行为的情况以及员工对自身创新能力的自我评价。该单一维度结构的测量量表具有较好的信度和效度，具有较好的内部一致性，系数达到 0.89。杨付和张丽华（2012）将 Scott 和 Bruce（1994）所编制的创新行为量表翻译成中文并使用，共 6 道题项。该量表的内部一致性好，有较好的信度和效度，系数是 0.828，达到测量的要求。Jansen（2006）的研究数据表明，员工的创新行为由提出想法和创意、推展和推动创意并付诸实践加以实施转化为成果这三个阶段组成，这三个阶段有很大的关联性，关联程度很高。Jansen 将员工这三个阶段合成单一维度的量表，编制成 9 个题项，具有较好的信效度，符合研究的基本要求。George 和 Zhou（2000）参考和借鉴了 Scott 和 Bruce（1994）的 6 题项单维度测量量表，主要用于测量企业领导对员工创新行为的单方主观评价，共有 13 个题项，量表的内部一致性很好，具有较好信度效度，系数为 0.91，符合研究的要求。Oldham 和 Cummings（1996）编制的员工创新行为量表有 3 个题项，Tierney 等（1999）编制的员工创新行为量表有 9 个题项，他们这两个量表主要是通过领导和上级主管对员工的创新行为进行主观评价，通过对员工创新行为的评价作为衡量企业绩效的标准之一，通过员工的创新绩效来评判员工总体的创新水平和创新程度。

第二，员工创新行为多维度维结构及测量量表。黄致凯（2004）在中国台湾对员工创新行为进行调研，引用 Kleysen 和 Street（2001）编制的员工创新行为量表题项采集数据进行实证研究，研究结果显示，员工的创新行为主要表现为两个方面：一是提出新构想，如寻求和发现机会，创新企业的产品、服务、技术、工作流程；二是对这些构想加以推展并实施，如向企业其他同事推展，寻求同事的支持和帮助，寻求领导的支持帮助，调动一切可以调动的企业资源一起努力实施这些构想转化为生产力，实现企业的创新变革，提升企业绩效。因此，他经过实证研究认为提出构想和实施构想相辅相成，缺一不可，提出构想是前提，实施和执行构想是必经之路，因此修正了量表，编制成两个维度的测量量表。Heckman（1979）实证研究编制的员工创新行为包括员工兴趣爱好、员工的创新意识、员工的想象力、员工的注意力四个维度，具有较好的信度和效度。Kleysen 和 Street（2001）吸取前人研究的精华，进一步提出了多维度的测量方法。他们认为前人的研究只考虑员工自身因素是不够全面的，不能解释员工创新行为的实质内涵。他们通过检索数据库，找到二十几篇对员工创新行为进行研究的文献，并归纳汇总得出两百多种创新行为，这些创新行为有些是重复和同义反复的，剔除重复题项，再反复比对校正，进行了四个删除，最后从两百多种创新行为确定为十七个大类，这十七种员工创新行为高度概括之后归纳为探索和挖掘机会、提出构想、推展构想、寻求同事和领导支持对构想加以实施和应用五个测量维度，这五个维度具有较好的信效度，系数达到了 0.95，符合研究的标准。

通过梳理学者们对员工创新行为的评价指标、测量标准，不管是单维度指标还是多维度指标，大部分学者以员工创新行为的形成发展阶段为依据，采用领导和上级主管对员工创新行为的主观评价为主。本书采用的刘智强等（2015）开发的 9 个题项的量表。

2.5.4 研究述评

从以上对员工创新行为的文献梳理可知，中外学者纷纷关注员工创新行为的研究，对员工创新行为定义、衡量评判的标准有不同的观点。由于理解不同，在分析相关变量因素与员工创新行为的关系上，出现理解存在偏差与实证分析存在偏差。学者们对于创新行为的前因变量研究主要集中在个体、情境以及个体与情境之间交叉方面，局限于单纯的个体层面或者单纯的组织层面，进行跨层的研究比较少。此外，对于员工创新行为的结果变量的研究甚少，未来可作为重点研究的方向。西方的学者们对员工创新行为领域的研究积累了一定的理论基础和研究成果，但中国学者对员工创新行为领域的研究尚缺乏且不够系统，西方学者的理论成果是否适用于中国文化情境尚未得到证实。同时，探索中国文化背景下员工创新行为的影响因素，对中国发展为创新型国家、促进企业创新发展都具有重要的理论价值与现实意义。

2.6 激励机制

2.6.1 激励机制的定义

激励机制是指在企业中激励主体通过不同激励方式与激励效果之间相互作用的总和（周仁俊等，2005）。由于所有权和经营权的分离，激励机制能够有效缓解所有者和经营者之间的利益冲突，提升企业自身的创新动力。其中高管激励一直是公司治理研究与实践中的主题，最早开始于 Jensen 和 Meckling（1976）的研究，之后学者们展开了关于高管激励丰富的研究。国内外学者从不同的激励维度进行研究，高管薪酬主要包括基本薪水、全职奖金或津贴以及约束性股票、股权、期权等（Smith and Wats，1982）。张兴亮（2014）将基本工资、奖金或津贴称为货币薪酬，限制性股票或股权、期权称为权益类薪酬。鲁桐和党印（2014）、陈修德等（2015）、尹美群等（2018）考虑到长短期目标的影响，将高管激励分为两部分，即短期激励与长期激励，其中短期激励主要表现为薪酬激励，长期激励主要表现为股权激励。针对技术创新的内部激励机制的局限性，晋升激励作为激励机制可以发挥“看得见的权”的激励和监视力度（Coughlan Anne et al.，1985），晋升激励实际是企业管理者将职工从低职务至高职务的提升，并赋予和新职务同等的债、权、利的过程。晋升是企业一项重要的激励手段，具有两大职务晋升制度：选拔人才和激励员工的创新积极性。将优秀员工提升到更高、更重要的岗位，对员工的前途和企业发展都具有重大意义。

高管激励机制的诞生同样与两权分离现象的出现有着密不可分的联系，由于所有者与经营者身份上的不同，导致他们在行动上也有很大差别，委托代理的契约关系并不能保证被委托人能够完全按照委托人的意愿去经营企业。所以，为了最大限度地调动员工的积极性，通过激励手段促使职业经理人朝着股东所期望的利益目标前进，高管激励机制应运而生。最常见的高管激励措施主要包括股权激励和薪酬激励。企业实行高管股权激励一般出于两个方面的考虑：一方面能够为企业留住优秀的管理人才，避免对企业日常经营和未来发展有着重要影响的高管频繁流动和更换，保证企业的经营和发展能够平稳有序地进行；另一方面可以通过赋予管理层相应的股权，将其转变成企业“所有者”的身份，促使管理层将个人利益与股东利益相联结，在一定程度上提高管理层创造最大化企业价值的积极性，同时减少代理成本。高管股权激励作为长期的激励手段，其标的物价值通常与企业长期绩效相关。现代企业理论和国内外大量企业实践表明，股权激励在改进公司治理结构、提高管理效率、降低代理成本、加强企业向心力和市场竞争力等诸多方面起到十分重要的作用。薪酬激励作为行为经济学和管理学研究的重点，其应用范围相较于高管股权激励更为广泛，因此在员工激励方面占据更为重要的地位，主要起到薪酬支付和员工激励两方面的作用。一方面，薪酬是指员工因向企业提供劳务或服务而获得的各种形式报酬总额，高管薪酬则具体是指企业为达成既定的经营目标，对管理层提供劳务和经营业绩的一种回报，通常以货币形式为主但又不局限于货币形式；另一方面，激励作为管理的核心，能够充分调动管理层的工作积极性和主观能动性，激励管理层在最大程度上发挥自身潜能，提高工作效率，并促使其朝着股东所期望的目标和方向前进。随着人力资源管理理论的不断进步和发展，民众对于薪酬的了解也在不断深入。薪酬不再仅作为一种劳务报酬的支付手段，而且发展为直接有效的激励方式。薪酬激励相较于股权激励而言是一种短期的激励方式，通常与企业短期绩效直接相关，但高效的薪酬激励能够为企业吸引并留下优质的管理人才，并促使他们高效地工作。

2.6.2 激励机制的内涵

2.6.2.1 基于激励因素下的人员激励

从项目前期工作来看，要保证后续工程项目的管理，那么就必须要做好激励因素保障工作，结合保健因素结构来看，应当从以下几个方面来进行完善。激励因素主要包含晋升、赏识、责任等，这些因素大多数是精神层面的因素，因此要实现激励因素功能发挥，那么人员应当要在精神层面上有这样的需求，这样才能够达到激励的目标。建立晋升制度体系，这是在项目之前必须要完善的工作，通过建立合理的晋升制度体系，让每一个员工都能够按照预定目标计划，实现工程项目人员的尊重需要和自我价值实现需要。在激励因素体系下，精神激励也是其中重要的组成部分，是满足人的精神发展的基本需求，对于人的心理有着巨大的影响。在项目实施前，需要对工程项目人员进行指导，包括提升员工对工程项目重要性的认识，并通过提升参与性，实现项目人员激励效果的提升。此外，目标激励也是一个重要方面，目标激励就是在项目实施前，需要为工程人员设置相应的目标，包括具体的岗位使命、目标对象等。简单来说就是要在项目实施前，为所有的工程项目人员设置一个切实可行的目标，来达到激发员工积极性的目的。

2.6.2.2 基于保健因素下的人员激励

从双因素理论来看，物质层面的激励属于保健因素，通过物质激励来满足员工的需求是减少员工抱怨的一个重要方面。而在项目实施之前，必须要针对物质层面的激励因素进行完善，其中包含工薪、奖金、薪酬等。在赫兹伯格的研究中，薪酬在企业保健因素中发挥着重要的作用，在市场化作用下，薪酬已经不单单属于保健因素，同时叠加了一部分激励因素的效果。项目建设基础上基于薪酬角度完善激励体系是实现人员激励的基本手段，换言之在项目实施之前就必须要做好薪酬体系的规划和完善工作。薪酬作为激励的最基本的手段，同时也是保障工程人员生活的物质基础，是项目实施的关键。当然从双因素理论角度来看，为了建立完善的薪酬制度体系，还需要进一步完善绩效考核体系。通过在项目实施之前对各项条件进行完善，是实现人员激励的重要方面。

第一，项目中期的人员激励研究。保健因素非常关键，一旦缺少这些条件，工作将无法开展。但是对于工作本身来说，这些条件仅是对工作的保障和支持，并不会对生产经营产生决定性的影响。保健因素能够让员工获得满足感，不过这种满足感是间接的，是属于生产经营以外的，这些满足并不会直接对工作产生作用。因此员工并不能从这些因素中来获得工作的刺激感和愉悦感，即使是保健因素能够起到一定的激励作用，但是这也仅是外在的要素，而并不是工作本身的激励。因此这些因素本身决定了并不能使员工从工作中获得快乐，同时也无法让员工从自身产生积极的满足感。外部的满足是保证工作合理开展的基础，但是这种满足并不会直接作用于工作，因此往往会让员工感觉这些满足与工作本身并没有太大的关系。以加薪为例，薪酬属于保健因素的一种，单一的提高薪酬水平虽然能够提升员工的满意度，但是并不会直接让员工感受到工作带来的快乐，因此单一的加薪只会让员工的需求感越发难以满足，让组织自身陷入困境。双因素理论中的激励因素，本质上也就是指员工自身对于工作本身需求的一种反应。通过激励因素的实现，能够让员工获得直接的满足感，并让员工在工作中感受到快乐。满足感的产生对于员工来说是一种激励，同时也是一种内在的动力。工作本身所产生的激励作用，源自工作为员工提供的享受感，同时工作对于员工而言是一种自身价值的体现，又是一种生存工具。激励因素对于员工的个人成长，员工在工作中获得成就感都有一定的好处，若员工对工作非常的喜爱，那么在走上工作岗位之后就会将工作当成是实现自身价值的一种重要途径，在工作中不断地挑战自我，并最终实现自我价值。

第二，双因素理论下项目人员激励途径。从双因素理论来看，与人的生产经营具有联系的要素主要可以划分为激励因素和保健因素。从具体分类而言，其中激励因素包含了晋升、赏识、责任、成就等，而保健因素则包含了薪酬福利、管理监督等，因此在双因素理论中，要实现项目前期人员激励，那么就必须要围绕激励因素和保健因素来展开相应的激励行为。具体对工程项目而言，人员激励是指项目领导层或管理人员设计激励制度、采用激励方式或执行激励方案以调动员工的热情和积极性，促使其付出更多的努力和更加有效率地完成工作任务。激励的目的是为了引导员工的正确创新行为动机，激发其积极性和创新性，充分发挥员工的脑力和体力潜能，尽全力做到最好。激励理论指出员工的工作成果与其工作作风直接相关，而工作作风则会受到满足需求程度和激励要素的影响，因此研究人员激励因素对于提高人员的工作效率从而促进国际工程项目管理绩效的提高是有重要意义的。人员之间存在文化差异是国际工程项目最为显著的特征之一。文化差异是在社会的发展和进步中产生的，来自世界各国的项目人员起初是在各具特色的环境下生活和工作，不同的教育背景会对他们的价值观、行为准则、处事态度、看待问题和解决问题的方式产生影响，造成他们具有不同的世界观、人生观和价值观，这就是文化差异的概念。尽管如今国际间的交流越来越频繁，但是文化是经过一段漫长的历史形成的，因此不同文化的融合也不是一蹴而就的。文化差异问题是难以在短时间内彻底解决的，合理的处理方法应该是“求同存异”，敬重和熟悉不同地区或国家的文化，使企业文化差异减小至最低。从上文的分析可知，人员的激励必须要从满足受激励对象需求的角度出发，但是由于文化差异的存在，不同员工之间的需求存在一定的差异，因此项目管理层在针对不同国籍员工的人员激励时，应该要充分了解各国的文化背景和风俗习惯，这样才能真正了解各个国家员工的内心需求，在此基础上采取的激励方式才是最有效的。

晋升与调动管理系统、培训与开发系统和沟通系统之间的协调配合，充分挖掘员工最大潜力和最大限度利用雇员能力。赵峰和甘亚雯（2017）基于高新技术企业的发展现状与存在的问题，认为对于新生代员工的激励要结合新生代员工和员工的不同特质，满足个人心理自我实现的需求，从而有效激发员工的动力。

很多研究者在研究人员激励体系时把内在性激励和外部性激励结合起来，没有进行明确划分，但是所研究的相关激励内容却包含内在激励和外在激励的相关含义。张望军和彭剑锋（2001）对员工激励因素调查分析，得出四个激励因素分别是提高报酬、个人愿景、经营成果和工作自主。研究认为员工重视个人前景，但金钱激励效果更为显著。杨春华（2004）基于中外研究文献提出不同经济文化背景下中外人员激励因素存在差异性的假设，通过实证分析提出中国人员激励主导因素依次是个人前景、报酬、经营成果、公平、福利与稳定。张术霞等（2011）通过对东莞市五家电子材料有限公司员工进行访谈和问卷调查得出数据，并用 SPSS 统计工具进行数理分析得到员工的前五项主要激励因素依次为：报酬福利、潜能发挥、公司愿景、劳动保障和管理者素养。熊志坚和曲浩（2012）从人员激励因素个人喜好倾向入手，提出并构建人员激励因素体系，对中国石油公司员工进行问卷调查，通过 SPSS 工具对调研数据进行统计分析得出企业人员激励因素个人偏好倾向依次为成长因素、工作因素、领导因素、精神因素和管理因素。张再生等（2014）基于总报酬模型理论视角，通过对企业人员激励因素进行综合统计分析和实证研究，得到与总报酬理论相吻合的员工主要激励因素，分别为薪酬福利、工作家庭关系、工作绩效与认可和个人发展。分析结果认为，应对员工进行全方位的激励，才能取得显著而有效的激励效果，在乘数效用的基础上，发挥团队生产经营的激励作用，剖析合作的最优方案和基于合作的最佳创新模式。王黎萤和陈劲（2008）认为，通过员工心理契约结构的团队成员、人际关系和交易维度三种维度可以有效建立员工的组合激励模型，通过模型找出人员激励的工作环境主导因素。张宏如（2010）基于员工帮助计划（EAP）的视角，构筑了全新的人员激励策略系统，他把国外EAP激励思想与中国人本管理思想相结合，从中国本土文化和管理实践出发，塑造了一个包含引导员工职业价值观、提升心理资本和构建人文关怀氛围的员工工作环境。外在性激励薪酬方面，谢礼珊和张燕（2002）认为在知识经济时代，企业应转变传统的薪酬体系，选择个性化的薪酬体系。按照员工的才干和功劳确定员工的报酬，同意员工选择自己需要的薪酬形式，以最大限度地调动员工的劳动积极性，留下优秀的员工。严边霞（2003）认为，企业要做好人员激励，制定和实施科学的薪酬制度和薪酬策略是基础，用薪酬激励员工必须注重保健因素和激励因素。侯建仁等（2009）从企业员工自身的特点出发，诠释了企业员工薪酬设计的普遍原则，他认为技术性员工薪酬设计应采用内部报酬多元化、岗位报酬动态化、职工福利灵活化与股权激励虚拟化的薪酬方案，并对如何执行措施进行讨论。

任洁和李丹（2009）把赫兹伯格的双因素理论引入薪酬制度设计的架构中，建议以“80后”技术性员工选用TMT薪酬指标、阶层绩效薪酬和培训储备薪酬激励的主要措施。外在性激励的个人发展方面。吴耀宏等（2002）认为，在建立激励机制时，应着眼于长远发展战略并建立市场化管理激励，树立以人为本的思想，把企业和个人的利益有机地结合起来，以个人发展带动企业发展。柴红英和杨林（2005）认为构建企业的员工职业规划管理系统是组织发展的一项重要措施，尽管上述激励理论不尽相同，但是对于激励体系的划分大致是一样的。综合激励模型中的内部性激励大致对应着双因素理论中的激励因素和需求层次理论中的高层次需求激励，综合激励模型中的外部性激励大致对应着双因素理论中的保健因素和需求层次理论中的低层次需求激励。由于综合激励模型吸收了多种激励的理论的优点，能够更加全面系统地解释人员激励行为，因此本书将采用综合激励模型对激励的划分方式，即将激励分为内在性激励和外在性激励，下文将在此基础上进行延展，继续对内在性激励和外在性激励方式的相关研究进行综述。

2.6.3 激励机制的测量

很多学者对内在性激励与外在性激励进行了明确的划分，本书将相关研究文献进行归纳整理，便于为本书建立人员激励体系提供理论支撑。在内在性激励的工作设计方面，江卫东（2002）着重阐述了以团队为根基而实施成果设计与再设计对员工的激励效应。赵世君和汤云为（2006）创新性地阐述了工作设计如工作自主、工作反馈、工作挑战性等方面可以有效提升员工工作积极方法激励，同时考虑到个体差异和需求程度不同，刘井建等（2017）在物质激励（Material Incentive）和精神激励（Spiritual Motivation）相结合的基础上，选择绩效现金奖励、福利发放、培养在职进修机会、增加职务晋升机会和荣誉奖，提升企业员工的工作积极性。

包兴和赵路正（2018）指出，应从薪酬体系、奖励体系、成果转化收益体系、绩效考核体系和晋升通道建设等方面构建科技人员激励机制体系。姚洁和万文静（2017）提出，对企业员工的业绩进行考核时，应当通过实施薪酬战略构建具体的激励机制，应当适当提高员工的薪酬。段万春等（2010）采用统计分析方法对影响企业科技人员工作绩效的激励要素实行实证分析，研究结果显示，传统激励模式中的经济性激励对科技人员的影响不大，而文化认同、环境因素、工作关系、上级支持等非经济性激励因素对其工作绩效产生较大的促进作用。此外，文化差异对于人员激励体系构建的影响体现在对员工内在性激励和激励的具体细分上。

首先，由于不同文化底蕴的员工来自不同的国家背景，他们的价值观也会有所差别，对于受到的内在性激励会产生不完全一致的反应，如不同国籍的员工对参与国际工程项目给自己带来的国际和社会地位提高、个人能力的增强和工作挑战的乐趣的激励大小是存在差别的。

其次，不同国籍的员工看待问题和处理问题的方式也存在差别，如加薪和发奖金作为物质性激励的两种方式，在不同国籍的员工看来，这两种方式带来的满足感是不一样的。内在性激励和外在性激励方面的相关研究较为丰富，为本书激励体系的建立提供了重要支撑。美国管理学家玛汉·坦姆仆（1998）在大量实证分析研究国际工程项目管理后给出了四个主要激励因素，依次是个人成长期、工作自主权、劳动成果和薪酬奖励。他认为企业应注重人员激励的长期效应，不能以货币刺激为主导，而应以个人成长和发展愿景为主。除了薪酬奖励属于外在激励，其他都是内在激励，个体成长表现在能力提升方面，工作自主说明工作是挑战，是自我决策。

安盛公司通过对200名员工进行了工作满意度的调查，结果表明位居前三的重要激励因素依次是薪酬待遇、工作性质和提升机遇。通过比较发现参与国际工程项目的员工更注重同事关系、参与决策和工作性质这三种激励因素。Grahamlittle（1998）认为，货币和优良的工作环境、合理的薪酬与现代化人文关怀是激励员工的主要方面，他认为要想对员工达到激励效果，应将以上四个要素合理使用。斯蒂芬和罗宾斯（2013）提出，随着社会经济发展，单一的物质奖励已无法有效激励现代员工，要重视员工职业发展、精神支持和企业文化等多元激励手段。他认为工作富有挑战性、给予充分的工作自由可以有效激发员工创新潜能，在领导角度上要变权威式管理为人性化管理，注重与员工的沟通方式。本节从人员激励的概念出发，对工程项目全周期视角下前中后期的人员激励进行了综述，通过对综合激励理论的发展和研究概述，进而引出内在性激励和外在性激励这一激励体系的重要划分，这也是本书研究的重点之一。在此基础上，分别对内在性激励、外在性激励和内外部激励的综合相关研究进行了理论综述。

目前对于综合激励模型的相关研究已经相当完备，内在性激励、外在性激励的作用、效果、机制已经比较明确，下文将探讨文化差异下人员激励体系的作用效果以及人员激励体系在国际工程项目中对项目管理绩效的影响。多因素激励理论是通过分析产生激励的方式来自组织内部需求为基础的理论，具体的研究内容是鼓励行为与激励因素。主要的理论有：Maslow（1954）提出的需要层次理论；Arrow 和 Hurwicz（1972）提出的 ERG 理论；Minsky（1961）提出的成就需要理论；Mayo（1933）提出的“社会人”理论；Herzberg（1957）提出的“激励—保健”双因素理论。Lazarsfeld（1954）的需要层次理论提出在转向下一个相邻更高层次的需要之前，先要被别人或公司满足一个层次需要，这样的需要有五个层次：生理、安全、社交、尊重和自我实现，像有五个阶梯一样从低向高的层次人的需要。Maslow 的需要层次理论指出，不应对个体的努力进行单一的方式激励，但可以进行特定的激励以根据个体的需要为目的，但在物质激励的绩效减弱时，应该提高层次，增加精神层面的激励。

Alderfer（1969）重新组合了 Maslow 的需要层次，使其和实证研究进一步相同。他修改后的需要层次理论为 ERG 需要理论。Alderfer 指出核心需要有三种：生存、关系、成长，简称 ERG 需要理论。赫兹伯格对满足员工需要的效能提出了“激励—保健”双因素理论，他认为个体与劳动的要素为基本的关系，个体对作业的姿态在一定范围将决定其成败。把公司政策、监督、工作环境、人际关系和薪酬这样的因素称为保健因素。当具备这些因素时，员工对于工作既没有不满意，也不会增加满意。如果我们想在工作中激励员工，可以参考赫兹伯格提出的双因素理论。McClelland 指出人有三种基本需要：情感需要、功绩需要、职位需要。从研究企业主的激励方法来说，成就需要理论无与伦比的作用效果。

本书研究以管理学的激励理论为主，即从操作和应用的角度，针对有关激励的心理因子——需要、念头、目标、活动、阻碍等进行静态的和动态的分析。这些研究可视为提高激励有效性的方法论。激励有效性与激励者与被激励者的环境应变的能力有关，不存在放之四海而皆准的“最优”激励形态。激励理论通过了从单一货币刺激至多种需求，从激励要求拓展至激励要素了然，再到综合性激励的交叉互补和继承演变的过程。综合来看，本书趋于构建“目标—努力—绩效—奖励—满意”这样一个良性循环的闭环结构。第一，马斯洛（1992）的需要层次论。该理论是一种预测行为发生“概率”的有效工具，认为生理、安全、社交、尊重和自我实现构成了需要阶梯。第二，赫兹伯格的“激励—保健”双因素理论。该理论把激励因素分为维持和增进两个大类。激励因素来自工作本身而非物质需求，具体包括赏识、成长、成就与发展机会等；保健因素主要是内外部的工作环境等（王立海和任增杰，2008）。二者相比较，激励要素来自劳动本身，而保健因素来自劳动外部。激励因素是积极的，有激励要素时才能够出现满意；保健因素则是消极的，仅具有消除不满的功能而已。“激励—保健”双因素理论带来的启示是，企业建立激励机制的前提是要对各种激励因素的功能进行识别，在基本的保健因素得以具备的前提下，再施以股权激励等长期激励因素。第三，克雷顿·奥尔德弗的“生存、关系、成长”理论。该理论认为，当高层次需要受挫时，某一较低层次的需要可能作为替代而提高其强度。第四，麦克利兰的成就需要理论。该理论认为，成就需要是持久而稳定的人格特性。这类人积极努力地“干中学”，有担当精神，适应能力强，不注重物质回报，面对困难和复杂问题，能够主动寻找解决办法。第五，弗鲁姆的期望理论。该理论认为目标愿景和期望值都具有主观性，并且都是“变量”，鼓舞则是这些“变量的组合”。第六，斯金纳的激励强化理论。斯金纳认为强化是行为之后的一种人为操纵，例如，反复地施以奖罚的过程。斯金纳所区分的正强化和负强化两种强化类型，被广泛地运用于激励有效性研究。第七，亚当斯的公平理论。主观感知的公平与否不仅在于报酬的绝对数额，以及自身所得的纵向比较，而且在于同他人在同类情况下的横向比较。当一个员工有强烈的不公平感时，往往不将其视为一个金钱问题，而是透过此事，进行泛化理解。例如，将自身的不公平感引申为领导和同事对自己的挤兑或排斥，进而产生一系列强烈的情绪反应，甚至做出极端行为。第八，动态激励理论。动态激励理论源自领导生命周期理论，后来通过科曼、保罗·赫西和肯尼斯·布兰查德的研究得以深化发展。该理论与上述激励理论的不同之处是将员工心理成熟度和工作成熟度作为核心变量纳入了分析框架，将其描述为激励方式与作业行为、关联行为等三者之间的动态曲线关联。前述各种类型的激励理论一直处于动态的交叉互补和继承演变之中。在此基础上，衍生出各类综合激励模式。如罗伯特·豪斯（1955）提出的综合激励模式等。事实上，组织目标与群体和个人目标之间存在着一种隐性的心理契约。即在心理上建立了一种绩效与奖酬之间、奖酬与预期之间、预期与期望值之间的稳定联系，具有“路径依赖”特征。

团队激励理论源于勒温提出的群体动力的“场理论”。群体行为不同于个体行为的简单算术和，它是各种力量经过叠加和对冲之后所产生一个新的行为形态。群体动力的外显形态是所谓的“士气”。“士气”即任事之气势，即所谓的“精、气、神”。20 世纪中期以来，在群体动力理论基础上发展而来的组织文化理论，成为提高激励有效性的主流趋势。团队激励与组织结构的创新相伴而生。扁平化和网络化组织结构取代了既往庞大臃肿的层级结构。传统的 R&D、制造和销售的前后环节在信息化、网络化的支撑下趋于同步。当然，团队中的知识共享并不是组织文化的“约定俗成”的组成部分。能够为公司带来利润增值的核心知识技能因有着“高门槛”而不易被复制。

2.7 现有文献述评及总结

综上所述，学者们一直在努力研究和潜心挖掘，并已经取得一定研究成果，但这一领域的研究目前仍存在以下四点不足：

第一，关于 TMT 意识、员工创新行为和企业绩效各单独变量的文献比较多，而且研究也比较深入，三个变量两两之间放在同一理论框架进行研究的文献较少，有学者引入了晋升激励、薪水激励等中介变量，但是这些变量仍然具有自身局限性，仍然无法揭示 TMT 意识影响企业绩效的内在机理。

第二，将激励机制运用到 TMT 意识领域的研究不多，少量资料将激励机制作为中介变量，作为调节变量引入 TMT 意识影响企业绩效影响关系模型的尚欠缺。激励机制是晋升机制和薪水机制在创新领域的扩展，2002 年才被正式提出，激励机制理论仍值得继续深入研究。

第三，创新行为是一个复杂而且动态变化的过程，而目前创新行为理论的研究尚属于探索期，尚未成熟，有部分研究主要集中在企业家个体或者是企业整个组织的创新行为的研究，对企业普通员工创新行为的研究的文献甚少，尤其是员工创新行为的结果变量的研究更是缺乏。因此，创新行为尤其是员工创新行为的结果变量的研究仍有广阔的探索空间。

第四，由于 TMT 意识的含义尚未形成统一认识，没有形成系统的研究，TMT 意识难以量化，测量比较复杂，目前大多还是基于理论层面探讨，实证研究较少，也不够深入，TMT 意识的量化有必要继续深挖和完善。

3　研究假设与理论模型

3.1　相关理论基础

3.1.1　高阶理论

高层梯队理论又被称为“高阶理论”，Hambrick 和 Mason（1984）在哥伦比亚大学正式提出高层梯队理论，并发表于 *Academy of Mana-gement Review* 杂志。在高层管理团队的研究中，高层梯队理论发挥着最基础的作用，其特点是将“研究个体”作为案例引入至 TMT 的研究中，在该领域研究的意义非常重大。

高层梯队理论的最大优点是使用了研究者易于测量和精确获取人口统计特征去体现高层管理者的心理特征，使企业高层管理者的很多特征比较容易符合研究的“信息选择录入”，为理论研究的宏观方面和微观方面都提供了新的研究方向。高层管理团队在不同的市场经济环境中的特征与反应会有所不同，这就引起了后续的研究学者在区分不同类型行业的企业之间的差异。“高层梯队理论”结果显示：①高层管理团队（高管团队）的人口统计特征变现为如性别、年龄、学历、国籍与背景特征等，能够有效反映出认知、价值观、自反性等心理特征，以及团队内部的沟通和协助等运作过程；②高管团队个体人口统计特征不同在企业运行过程中的作用会直接影响到组织的战略决策与绩效。各国学者在高管团队的实证研究中，即研究数据收集和测量的可靠性，并最终影响研究结果的科学性。如何界定高管团队，在过去已有的学者研究中，研究学者为获得稳定、有说服力的测量结果，大多选择了不同的方法，包括面向决策者的问卷调查、对决策者的深度访谈等（张平，2006）。

Hambrick 和 Mason（1984）最早提出了高层梯队理论，并以此理论研究管理团队（TMT）的基本特征。陈璐（2011）以此为基础，把高管团队定义为能够参与企业经营决策与战略决策的制定与实施，对整个企业的组织、协调和经营管理具有很大的决策权和控制权的高层管理者群体，包括董事长、总经理、各部门总监、党委正副书记（特指国有企业）等。学术界普遍认同 Finkelstein 和 Hambrick（1990）给出的高层管理团队定义，即“位于企业最高战略制定和执行层，负责企业整体的组织与协调活动，并对企业的经营管理拥有很大决策和控制权的高层经理群体”。Hambrick 和 Mason（1984）提出的高层梯队理论认为，高层管理者是企业战略决策的主体；高管人员可客观统计的背景特征能够作为其心理特征的代理变量，高层管理者的背景特征对不同类型的战略选择和绩效水平等组织结果有一定的预测性。该理论认为总经理或企业家会因信息不对称容易做出非理性的判断，从而导致最终决策的局限性。

国内外学者基于高阶梯队理论广泛探讨了这一问题。高层梯队理论认为，高管作为企业关键决策者，在企业行为和绩效方面发挥着重要作用。大量研究关注高管团队特征与创新战略、创新绩效的关系，多数学者从高管团队性别、年龄、任期、教育背景等方面进行了探索。其中，高管团队职能背景作为一种重要的高管团队特征，对企业创新的影响日益受到学者关注。高管团队职能背景是指高管成员各自在不同职位上的工作经历和职能经验，与其他特征相比，职能背景会更为深刻地影响高管的认知模式和选择偏好，从而左右其创新战略决策，并进一步对企业绩效有显著影响。

Thomas 和 Simerly（1995）最早运用高阶理论，发现高管团队的平均年龄、专业化教育水平等特征将影响公司社会责任战略的改变，引发了学者们对高管团队在企业社会责任战略决策中作用的研究兴趣。但当前关于发展中国家高管团队认知与企业绩效之间关系的研究比较缺乏。宝国坤（2017）基于中国情境，提出了高管团队认知影响企业成长行为的理论分析框架。黄荷暑和周泽将（2015）采用 A 股上市公司数据进行研究，发现高管团队中女性高管会促使企业积极履行社会责任，并提高企业绩效信息披露水平。王士红（2016）发现，高管团队任职时间与企业绩效水平呈负向关系，但高管团队的年龄和受教育水平则对企业绩效水平无显著影响。由此可见，目前实证研究结论并不一致，且忽略了企业高管团队认知水平对企业绩效影响的问题。

高层梯队理论与古典决策理论最大的差异在于，它摒弃了古典决策理论所依赖的"经济人"或"理性人"的假设，而体现了"有限理性"假设。"理智人"假设是对"经济人"假设的继承，通俗地说做出经济决策的管理者大多是理智的，他们几乎不会意气用事，更不会顺从，应当是善于分析与判别，其整个活动是理智的；在企业生产经营（经济）活动中，最高管理者所追求的经济效益最大化是其终极目标。基于这样的假设，古典决策理论认为，企业领导者理应是理智的，在他们充分了解有关信息的情况下，是完全可以做出最优解读与最佳决策。随着管理科学理论和实践的发展，在 20 世纪 50 年代后期，民众意识到基于"经济人"假设具有理智决策理论却不容易执行实际决策。因此，有人提出用"社会人"取代"经济人"（Simon，1955），从而衍生出——有限理性决策理论。有限理性假设认为个体的学识、时间和精力都是有限的，个体的评价标准和多重目标不会相同，往往会相互冲突，真实的决策环境有很大的不确定性和多样性，因此，大家的理智选择是一种介于完全理智与非理智之间的有限理智。领导者在判定和出现问题时容易产生感知偏差。与此同时，由于执行时间和现有资源的局限性，即使领导者能够完全理解和熟悉相关执行环境的所有信息，也只能根据自身的认识水平和能力，从这些信息中获取有用信息，往往无法筛选出全部有用信息，由此做出的决策措施的合理性多是相对的。

鉴于此，Hambrick 和 Mason（1984）认为，作为战略决策的主体——人，管理者不是无限理性的经济人，而是有复杂情感的社会人，个体决策者通常受到知识、经验和能力的制约，不容易从庞杂的数据中获取有利于企业公司壮大的最佳决策，即使问题处在领导者面前，他们也多是选择性地进行审视。领导者个人通常受自己知识储备、性格特征、兴趣偏好等方面的因素，在进行决策时很难避免误判。但是 TMT 决策却可以很大程度降低这一风险。Hambrick（1997）以 TMT 方式实行决策措施，各员工之间可以共享资源和信息交互，对差异化观点和可行性方案进行融合，做到上下统一配置，最后决策的效果与质量超越企业家本人。

于是 Hambrick 和 Mason 整理了当时关于高层管理者特质在管理学中的研究与讨论，将高层梯队理论用以诠释高层管理者的知识结构和人生观是如何制约共享信息的处理措施，从而认为领导者特征会作用其战略部署，从而对企业目标、活动及结果产生影响，这也是高层梯队理论的主要观点。

Hambrick（2007）再次提出了对于高层梯队理论完善的一个重要调节变量——高管自由裁量权。他认为，管理者个人的特点能否对企业的决策带来影响取决于一个重要的因素，就是管理者的自由裁量权。自由裁量权源于环境条件（如行业增长）、组织因素（如董事会薄弱）和高管本人（如容忍模棱两可），管理者的自由裁量权对高层理论的影响是直接而深刻的，高层理论提供了与管理自由裁量权存在程度成正比的组织结果的良好预测，如果存在大量的自由裁量权，那么管理特征将在战略和绩效中得到体现。然而，如果缺乏自由裁量权，管理者的特征则不太重要，管理自由裁量权是管理者特征产生影响的关键调节变量。

高层梯队理论为学者们提供了高管团队研究的原始理论模型。学者们对于高管团队的研究方向主要集中在高管团队特征和高管团队运作过程两个方面：第一，在高管团队特征方面，学者们总结了 TMT 特征与企业战略部署；高管团队特征与企业绩效关系；高管团队特征与企业战略部署和企业绩效的关系。第二，在高管团队运作过程方面，学者们总结了高管团队构成、团队执行过程与战略部署与企业绩效的关系；高管团队构成与团队执行过程中的团队冲突和团队沟通等相关问题之间的关系。本书主要借鉴高管团队特征与企业绩效的关系进行研究，如图 3-1 所示。

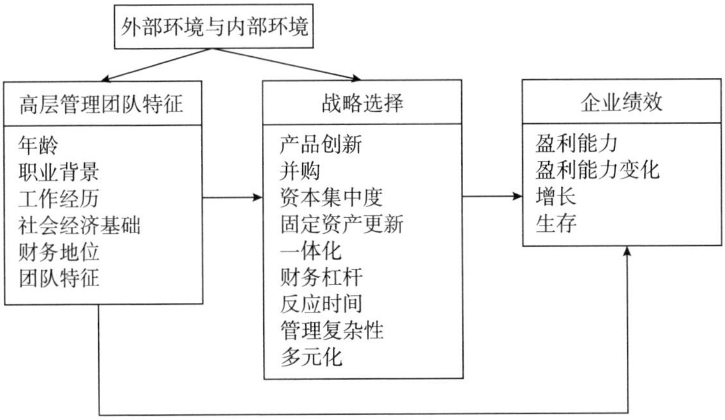

图 3-1　高阶理论研究模型

高层梯队理论认为，管理者集体的特征往往更能对企业的决策选择发挥作用，这恰好为本书研究董事会的过度自信提供了坚实的理论基础。一方面，本书基于高层梯队理论，探讨了中国企业的投资决策主体——董事会在公司企业活动中所扮演的重要角色，按照《中华人民共和国公司法》规定，董事会是企业在生产经营过程中的决策机构，承担重大事项的决策，研究董事会成员的心理偏差，符合高层梯队理论对于高层管理者的界定。另一方面，本书基于高层梯队理论，结合心理学成果聚焦于管理者常见的认知偏差——过度自信对公司绩效的重要影响。高层梯队理论认为管理者的决策选择会受到行为因素的影响，但受制于研究数据及方法的限制，以往的相关研究多是基于管理者可直接获得的人口学特征，关于管理者心理特征的影响一直处于研究的“黑箱”，而本书在研究视角上对高层梯队理论进行了拓展。同时，本书进一步基于高层梯队理论，从公司治理机制的角度来寻找管理者过度自信影响公司绩效偏差的边界条件，即在不同的治理机制环境中，管理者过于自信与股价崩溃风险之间关系的动态演变。同时，自由裁量权会影响管理者的个人特征对企业决策和绩效的作用大小，而公司治理则是对管理者权力的制约和平衡，因此会在一定程度上影响管理者在决策中的自主性，本书依据这一思路，探讨企业管理制度对于董事会过于自信和股价崩溃风险之间关系的调节作用。进一步地，假定决策群体个人特征对于企业的经营决策和绩效具有重要影响，而不同企业董事会成员的心理特征具有差异，这些假定与高层梯队理论的主要观点十分吻合，在高阶梯队的理论框架下，心理特征和人口统计学特征构成了高层管理者特征的两个重要方面。综上所述，本书植根于高层梯队理论研究了 TMT 意识对创新绩效的关系，高层梯队理论为本书的研究提供了重要的理论依据和理论指导。

3.1.2 委托—代理理论

现代企业制度的设立和公司股份制的执行导致企业所有权与经营权剥离，并由此产生了委托—代理理论，奠定了现代公司管理领域研究的基石。由于该理论建立在不对称且信息相互博弈的基础上，委托代理关系中的信息不对称和风险偏好差异，使经理人有可能发生逆向选择和道德风险，也就是说，经理人为了自身利益最大化而发生机会主义行为，损害股东的利益。除此之外，两权分离也会导致经理人和股东的经营目标出现分歧：股东作为最终所有者，经营目标是企业价值最大化，而经理人的经营目标往往是个人利益最大化（Lhui Ueiy，2011）。这种由于经营目标不同而导致的利益上的冲突给企业研发创新活动带来的影响十分明显（David，2001）。股东作为资本剩余索取权人，期望通过研发创新活动获取未来持续竞争能力和长期超额收益（Hambrick et al.，1996），由于研发活动通常周期较长且面临较大的不确定性，而管理者通常更加关注短期目标的实现，更加倾向于平稳的业绩提升和风险规避，缺乏对研发创新活动长期投入的动力。也就是常说的代理问题，并由此产生代理成本。针对代理问题，委托—代理理论指出企业可以通过科学合理的内部激励机制来减少这种代理问题，激励高管选择股东期望的行为方式，因此来降低代理成本，提高高管和股东利益目标函数的相同性，由此高管激励机制应运而生。高管股权激励通过赋予高管企业“所有者”的身份，激励其投入到与所有者经营目标相一致的活动中去，从而降低代理成本，保证股东利益最大化。Coles 等（2006）认为，高管薪酬激励能有效解决委托代理问题，增强领导层从事风险投资项目的动机。所以，高管激励机制的出现，确实在很大程度上消除了代理障碍（宗文龙等，2013）。而从控制权理论出发，控制权集中的高管实际上等同于企业的所有者，此时管理层和股东的利益目标近乎完全趋同，两者之间并不存在代理问题和代理成本，在这种情况下，高管激励机制自然无法实现其设计初衷，从而能够很好地对上述“异常现象”做出解释，同时也表明资本结构是企业治理结构中不可或缺的重要组成部分。

3.1.3 技术创新理论

技术创新理论（Technological Innovation Theory）中的“创新”一词最开

始由熊彼特解释为是构建一套新的生产函数，即实现生产要素（Production Factors）和生产条件（Production Conditions）新组合，且把其引进生产系统。创新通常有：①生产新的商品，生产出还没有被消费者所认识的新产品。②选择新工艺，实际是营销部门还没有见到的生产方法。③挖掘新市场，开辟有些地区和许多特殊的产业机构还没有销售的市场。④吸收新的供货商，拥有原材料或半成品新的产业链来源。⑤产生新的组织结构，建造或突破已有的垄断。创新不是某类单一的技术或工艺独创，而是一系列连续运转的体系，只要引进实际生产经营中的探索和发现，并对现有生产结构造成震动反应，才能称为创新。技术创新过程模型如图 3-2 所示。

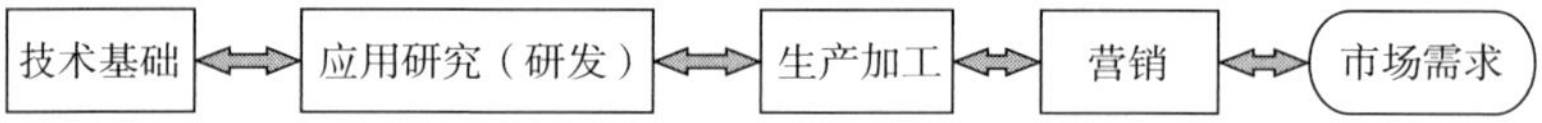

图 3-2　技术创新过程模型

技术创新是人类进步生存发展的一种本能。基于本土市场范畴的内生化技术创新道路的想法很大程度上是来自 Krugman（1980）指出的本土市场效应（Home Marke Effects），也就是具备收益递增与交易成本的市场中，对于具备相对庞大的本土市场需求的地域会规模性生产，使本土市场在满意人类需求时还能提高贸易收入。熊彼特的创新理论一是属于技术创新范畴，即触碰到管理创新和组织创新等；二是着重申明技术资源等要素引进经济范畴，使技术与经济相结合，所以，他所认为的创新是经济学的范畴。他的观点是当仅有新的技术创造运用至经济行为时，才能算是“创新”。

3.2 假设与理论模型

3.2.1 高管团队创新意识与创新绩效的关系

通过文献梳理，本书依次提出高管团队创新意识、创新企业绩效、员工创新行为三者的影响关系，根据变量的维度提出假设，并进一步构建理论模型，探讨TMT意识对创新企业绩效的影响作用机理。

Covin和Slevin（1991）提出TMT创新意识影响企业绩效，可以通过提高TMT创新意识从而提高企业绩效的观点。黄珊珊和邵颖红（2017）、王婧等（2017）、Miller（1989）指出，TMT创新意识是一种竞争优势，是影响与企业绩效的重要因素。闫圣楠（2021）认为，引入新产品、新的技术是创业活动的基础，TMT只有提高创新意识才能获得最优的企业绩效。Zahra和Covin（1995）、Wiklund和Shepherd（2003）认为，TMT创新意识对于企业开发新产品、寻找新的商机、提升企业核心竞争力有重要的作用，TMT先发制人具有市场的优势，以获取较高的利润，TMT的意识对企业绩效都有明显的正向影响。马卫东等（2012）、毛良虎等（2016）的实证研究表明企业家精神TMT创新意识越高，发挥得越充分，就越有利于企业绩效的提升，TMT创新意识的培养和提高是企业绩效提升的驱动力，能极大提升企业绩效，获得丰厚利润。

高层管理团队创新意识包括支持感和重视感，其中TMT的灵魂和主心骨是创新意识，创新精神和创新动力，创新动机越强，创新能力就越强，那么TMT的创新意识就更加容易发挥出来，而员工的创新行为也与TMT重视程度有很大关系，重视程度越深，员工的创新行为发挥得就越好，TMT 对员工创新行为的支持力度越大，员工的创新行为就会更频繁。所以 TMT 的创新意识决定了企业在技术创新的产品或专利的数量的多少。高阶理论的主要观点就是企业中最具影响力、最有能力使企业达到营业目标的团体便是 TMT，TMT 的创新意识决定了高科技企业是否有持续发展的原动力。TMT 只有具备创新意识，才能敢为人先，突破创新，对企业的发展起到关键作用。TMT 的创新意识是有价值的、是稀有的、不可模仿的、不可替代的战略性资源，基于以上理论本书提出 TMT 创新意识与创新绩效关系的假设（见图 3-3）：

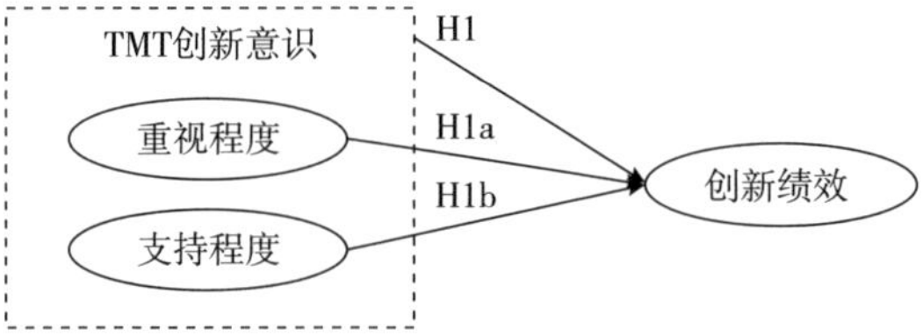

图 3-3　TMT 创新意识与创新绩效的关系

H1：TMT 创新意识与创新绩效正相关。

H1a：重视程度与创新绩效正相关。

H1b：支持程度与创新绩效正相关。

3.2.2　TMT 创新意识与员工创新行为的关系

大量国外学者基于不同角度，在不同时期做了大量的研究，他们研究企业领导与企业绩效的影响关系，研究企业家个人特质、企业家精神、企业家的创新行为对员工创新行为的影响关系，大部分的实证研究表明，不同风格的领导者，或企业家精神对员工创新行为是有相关性的，而且具有明显的正向影响作用。如李海（1999）实证指研究表明企业家侧重员工激励，对员工的支持和鼓励越多，员工产生的创意越多，员工创新行为和成果越明显。Madjar 等（2002）研究表明，企业家对创新的支持态度和重视程度，是激发员工创新行为的重要影响和决定因素。Schippers（2003）实证研究发现，感召力强的企业家容易激发员工的创新热情，有利于促进员工的创新行为。高静美和郭劲光（2006）研究表明，企业家身上的个人特质、企业家的精神是员工效仿和追求的标准，影响员工的创新行为。Amabile 和 Gryskiewicz（1987）、Hackman 和 Oldham（1980）、Don 和 Knight 等（1999）研究表明，当企业家能够给员工足够的权限和自由度并能对员工的诉求及时作出回应和支持的时候，员工的工作内在动机就越明显，越能够激发员工创新性等工作技能和水平。许庆瑞和顾良丰（2004）以海尔和惠普两个企业作为研究对象，他们的实证研究表明，企业家精神与员工创新行为具有正向影响关系。王端旭和洪雁（2010）研究表明，企业家可以通过自己的行为直接鼓励、引导和影响员工的创新行动。

以上对 TMT 创新意识影响员工创新行为的研究成果和分析表明，TMT 创新意识激发和促进员工创新行为，产生积极正向的影响，TMT 创新意识的重视程度和支持程度对员工的创新行为能起到刺激的作用，影响和引导员工的创新行为，也能起到帮助的作用，帮助员工更好地发挥创造性。根据以上的理论分析，本书提出 TMT 创新意识与员工创新行为之间影响关系的假设（见图 3-4）：

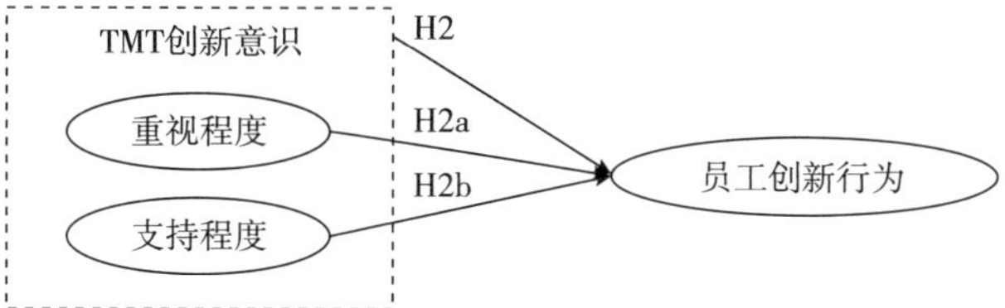

图 3-4　TMT 创新意识与员工创新行为的关系

H2：TMT 创新意识与员工创新行为正相关。

H2a：TMT 重视程度与员工创新行为正相关。

H2b：TMT 支持程度与员工创新行为正相关。

3.2.3 员工创新行为与创新绩效的关系

员工创新行为对创新绩效有显著正向影响得到了众多学者实证研究的验证。Scott 和 Bruce（1994）指出，员工创新行为是任何高利润、高绩效的基础。刘枭（2011）研究结论显示，创新行为的员工可以快速响应客户需求，能够提出新的观点，创造新的产品，提高企业竞争力，提高企业绩效。Subramanian 和 Nilakanta（1996）对相关行业的企业进行调查，指出员工创新行为对企业绩效拥有显著正向影响关系。He 等（2004）、何建洪和贺昌政（2012）、李志（2008）、张根明（2009）、丁安娜和刘景江（2012）、王朝晖等（2012）研究表明，创新是企业一个重要的生产要素，只有不断创新，注重个体和团队的创新，培养员工的创新意识、创新精神，激发员工的创新行为，才能使企业具有核心竞争力，他们从不同角度和不同的侧重点进行研究，但总体的结论都认为创新行为对企业绩效具有正向影响。

创新是经济发展的第一驱动力，市场最活跃的主体是企业，而员工是企业的主体，激发员工行为使员工能够积极主动地提出创意和构想，并付诸实践，将提升企业参与竞争的能力，并促进加快企业发展，从而促进企业绩效提升。基于上述理论分析，本书提出员工创新行为与企业绩效之间的影响关系的假设（见图 3-5）：

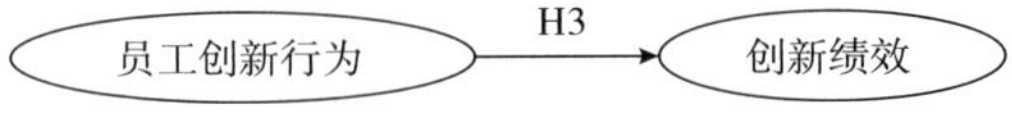

图 3-5 员工创新行为与创新绩效的关系

H3：员工创新行为对创新绩效具有显著的正向影响。

3.2.4 员工创新行为的中介作用

Daellenbach 等（1999）的研究表明，企业家如果能够积极鼓励、引导并支持员工，帮助企业员工树立信心，激发员工创新的意愿和热情，那么发挥不同的企业家的风格，促使员工创新行为的提升，这对于增加企业绩效是有很大好处的，而且作用也是显著的。员工的创新行为在领导风格与企业绩效之间起部分或者完全中介作用。陈晓萍等（2012）研讨中介作用的意义是在现有特定的相关性，如领导者个人魅力与企业绩效等相关的基础上，进一步研究关系形成的内部机理，使自变量与因变量之间发生的关系链更加清晰，路径更加明显。在此基础上，对于两者之间的作用机理的研究是极其必要的。中间的影响因素甚至是两者之间不可或缺的桥梁，没有这个桥梁，自变量与因变量之间的作用有可能作用和影响是不明显的，甚至是没有作用的。同样，在企业动态成长过程中，尤其是当下全球经济疲软的情况，企业内外环境的不确定性，企业家的创新性、开创性和冒险性精神随时发生变化。企业家是企业的领导者、决策者，只激发积极、正向的企业家精神是不够的，员工是企业的细胞，是企业生命体的重要组成部分，必须发挥企业每一个要素的作用，才能激发企业的活力。员工是企业家和企业绩效的桥梁，如果企业家的决策无人执行，企业家的决策就是空谈，既然企业家的决策需要员工执行，那么我们可以认为，员工就是执行企业家制定的创新的决策和制度的执行者，通过员工的执行，才能转化成企业的生产力，转化为企业绩效。

弗里曼（1987）指出，创新行为随处可见，通常创新者是指员工、技术人员、管理者、机构组织等。单纯认为创新主体就是企业家其实是片面的，最适合社会经济发展规律的创新通常是全社会各要素、枢纽、体系相互作用、相互约束的历程，应看成一个体系来对待。就企业本身而言是不太可能完成创新行为的，员工自身的创新意识和创新行为就是企业实现持续创新的来源。作为企业技术性的员工，大都是企业技术创新的根基、先决条件和终极目的，企业若脱离员工创新行为，则企业的创新活动将是无根之木。因此，普通员工创新行为是企业家精神与企业绩效的桥梁，是一个必要的路径，通过跟企业家的访谈，很多企业家的实践也认同这个观点，因此本书认为在自变量企业家精神与因变量企业绩效这两者之间，员工创新行为起中介作用。基于上述的理论分析，本书提出如下假设（见图 3-6）：

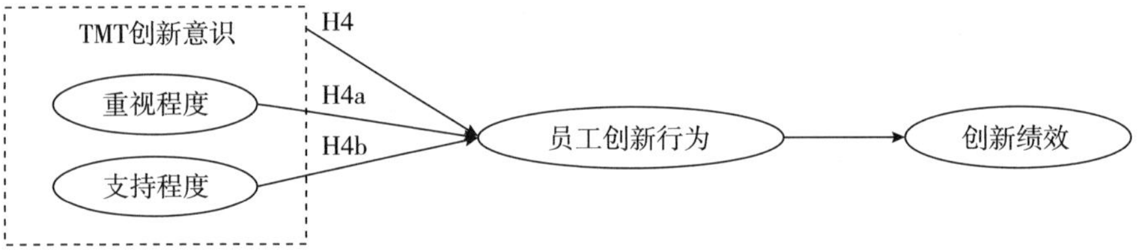

图 3-6　员工创新行为的中介作用

H4：TMT 创新意识通过员工创新行为的中介作用正向影响创新绩效。

H4a：TMT 重视程度通过员工创新行为的中介作用正向影响创新绩效。

H4b：TMT 支持程度通过员工创新行为的中介作用正向影响创新绩效。

3.2.5　人力资源激励机制的调节作用

高管激励理论是在委托—代理理论的基础上发展而来的，典型的高管激励手段主要包括股权激励和薪酬激励。赵睿（2002）在对 CEO 薪酬与企业绩效之间关系研究的过程中指出，高层管理者由于需要通过短期经营业绩提升换取薪资、福利待遇等个人直接利益。Tsai（2001）基于中国经济转型的时代背景，对职业经理人和企业家在企业创新和风险承担上的表现进行对比研究，结果表明高层管理者出于自身利益考虑，往往会将资源和精力集中在能够创造短期经营绩效的活动上，而选择尽量避开研发周期和创新成果都具有较大不确定性的研发创新活动。股权激励和薪酬激励作为企业代理成本的一种支付方式，能够在很大程度上弱化公司治理中普遍存在的代理冲突。因此设计科学合理的高管激励方案，能够在很大程度上减少代理问题并降低代理成本，激励管理层努力实现股东价值最大化。在此基础上，Chandrasekaran（2012）通过实证研究表明对管理层实施适当的激励措施是促使其承担风险、增大研发投入强度的有效途径。在股权激励方面，国外的大部分研究表明，在创新意识相对较为集中的企业中，股权激励通过“利益捆绑”的形式将高管利益与股东利益结合在一起，使高管的经营业绩目标更加趋于长期性。而在控制权较为分散的企业中，股权激励对管理层的激励效果则会大打折扣，甚至有时无法发挥应有的作用。Zahra 等（2000）认为，对企业管理层实施股权激励能够充分调动高管保持企业持续经营能力和开展研发创新活动的积极性。Miller（1989）研究表明，股权激励能够促使管理者关注长期目标，加大研发投入以获取未来高额收益。Morck 等（2005）认为，股权激励赋予管理层的股票期权使高管更加关注未来长期绩效，在一定程度上使得高管与股东产生利益趋同效应。同时国内一些学者也对高管股权激励、企业研发投入等相关因素之间的关系进行了大量研究。武朝艳等（2014）从管理者异质性的角度出发，以中国沪深 A 股全部上市企业为研究样本，实证结果表明高管股权激励强度与企业创新水平之间的相关关系显著为正。朱德胜和张伟（2018）通过对中国高新技术产业上市公司进行集中研究后发现，股权制衡程度与企业创新效率之间拥有显著的正相关关系，而高管持股比例则与企业创新效率表现出明显的非线性关系。尹美群等（2018）按生产要素将企业进行分类，同时在探究薪酬激励与股权激励的作用对创新投入和企业绩效的影响时，结果发现薪酬激励具有明显的正向调节作用，而股权激励则没有表现出明显的调节作用。在与薪酬激励的对比研究中，有学者认为虽然同为高管激励机制，但股权激励却具有薪酬激励无法替代的作用。肖虹等（2012）发现，企业研发创新活动与内部股权融资渠道之间关系密切，企业内部股权融资强度越大，研发投入的迎合行为相对越明显。在薪酬激励方面，国外的一些学者认为，对于控制权相对集中的企业，高管薪酬激励能够有效抑制委托代理问题和高管“自利”动机。而在控制权相对较为分散的企业中，高管薪酬激励能够促使管理层更加关注企业绩效的提升，在一定程度上提高管理者从事研发创新等风险性活动的积极性。Coles 等（2006）的研究表明，高管薪酬激励能有效增强管理者风险承担和研发创新能力。Lemer 等（2007）在对企业部门进行分组调查后发现，研发团队管理层的薪酬水平越高，研发投入强度和创新绩效水平也相对越高。在国内研究领域，一些学者尝试将高管激励机制作为调节变量探讨相关因素与企业研发创新之间的关系。以中国制造类企业为研究样本，李春涛和宋敏（2010）通过实证研究后发现，高管薪酬激励能够显著提高企业的创新水平。马文聪等（2013）基于新兴产业和传统产业的对比研究后发现，在传统产业中薪酬激励可以正向调节企业研发人员投入强度与创新绩效之间的关系。李秉祥等（2014）以中国制造业上市企业为研究样本发现管理者薪酬、股权集中制的提高比较有效扼制管理防御下的低研发投入，从而提升企业创新能力。基于此，本书提出如下假设（见图 3-7）：

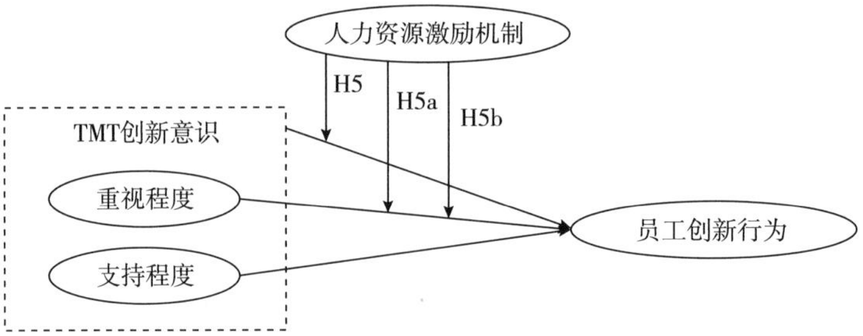

图 3-7　人力资源激励机制的调节作用

H5：人力资源激励机制正向调节 TMT 创新意识对员工创新行为的影响。

H5a：人力资源激励机制正向调节 TMT 重视程度对员工创新行为的影响。

H5b：人力资源激励机制正向调节 TMT 支持程度对员工创新行为的影响。

3.2.6 假设汇总

本书关于 TMT 创新意识、员工创新行为、人力资源激励机制和创新绩效之间影响关系的假设汇总如表 3-1 所示：

表 3-1 研究假设汇总

序号	假设内容
H1	TMT 创新意识与创新绩效正相关
H1a	重视程度与创新绩效正相关
H1b	支持程度与创新绩效正相关
H2	TMT 创新意识与员工创新行为正相关
H2a	TMT 重视程度与员工创新行为正相关
H2b	TMT 支持程度与员工创新行为正相关
H3	员工创新行为对创新绩效具有显著的正向影响
H4	TMT 创新意识通过员工创新行为的中介作用正向影响创新绩效
H4a	TMT 重视程度通过员工创新行为的中介作用正向影响创新绩效
H4b	TMT 支持程度通过员工创新行为的中介作用正向影响创新绩效
H5	人力资源激励机制正向调节 TMT 创新意识对员工创新行为的影响
H5a	人力资源激励机制正向调节 TMT 重视程度对员工创新行为的影响
H5b	人力资源激励机制正向调节 TMT 支持程度对员工创新行为的影响

3.3 理论模型

基于以上理论分析与研究假设的提出，本书构建了 TMT 创新意识、员工创新行为与创新绩效的理论模型框架，如图 3-8 所示。在理论模型框架中，TMT 创新意识是自变量，创新绩效是因变量，员工创新行为是中介变量，TMT 创新意识以员工创新行为为中介间接影响创新绩效，人力资源激励机制是调节变量，以 TMT 的性别、年龄、文化程度、在本企业工作时间、职位、部门类型、企业性质、企业员工数作为控制变量。

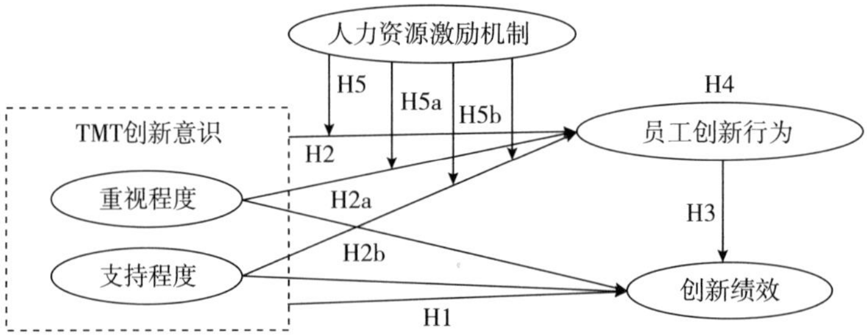

图 3-8　TMT 创新意识、员工创新行为与创新绩效的理论模型框架

4 研究设计

4.1 变量定义

本书的理论模型主要有四个核心变量，即企业 TMT 创新意识、创新绩效、员工创新行为和人力资源激励机制。以下是各个变量的定义。

4.1.1 自变量

TMT 创新意识。本书使用 Farme（2003）和 Scott 和 Bruce（1994）的定义：企业主要领导人团队在技术创新上的认识水平以及对技术创新的重视和支持程度，其中包括对员工创新的重视程度和对员工的支持程度。

4.1.2 因变量

创新绩效。本书使用于晓宇（2014）的定义：技术创新就是组织对知识的创新行为，知识相关的组织绩效表包含了知识的探索性和拓展性绩效两个维度，共六个题项。探索性绩效着重反馈与不断探索新知识相关的组织绩效；

拓展性绩效着重反馈连续使用现有知识相关的组织绩效。

4.1.3 中介变量

员工创新行为。本书使用刘云等（2009）和 Zhang（2020）的定义，参考 Jansen（2006）的概念对员工创新行为内涵的理解，认为员工创新行为是指员工在生产经营中爆发新设想并把形成思路努力付诸实践使之行之有效的行为。

4.1.4 调节变量

使用李凤莲（2016）和李慧娟（2019）的定义：薪酬激励理论认为，通过给高管提供高额的薪酬，确保管理层的自身利益得到充分的保障，使管理层不需要担心企业因从事风险较高的研发活动可能会给自身利益带来的不利影响，而且更有动力通过加大研发投入为企业创造更多潜在的利益来源，从而在证明自己管理能力的同时，也可以向企业要求更高的薪酬奖励。李凤莲将激励机制分为晋升与薪酬两个维度。李慧娟（2019）将激励机制分为内部机制与外部机制两个维度。

4.1.5 控制变量

考虑到性别、年龄、文化程度、在本企业工作时间、职位、部门类型、企业性质、员工规模会对 TMT 创新意识对创新绩效的作用有一定影响，因此本书采用这八个人口统计学信息作为控制变量。

4.2 变量测量

4.2.1 TMT 创新意识量表

TMT 创新意识量表通过访谈得出的关键因素以及参考 Farme（2003）和 Scott 和 Bruce（1994）的量表，包括组织支持感和重视感两个维度。该量表共计 9 个题项。量表的记分选用李克特五级量表，每个数字代表该题项描述与事实相符的程度，其中"1"代表"完全不符合"、"2"代表"有点不符合"、"3"代表"不确定"、"4"代表"比较符合"、"5"代表"完全符合"。TMT 创新意识的初始量表如表 4-1 所示。

表 4-1 TMT 创新意识量表

编号	题项内容	维度
A11	TMT 能够尊重不同的意见与异议	重视感
A12	TMT 领导鼓励员工尝试新工艺、开发新产品	
A13	TMT 能够受信任部属并进行适当授权	
A21	TMT 对员工的创新行为提供各种支持	支持感
A22	TMT 对于因创新而导致的失败持宽容的态度	
A23	TMT 的专业背景对他们的创新意识起着重要作用	
A24	TMT 的工作经验背景对他们的创新意识起着重要作用	
A25	TMT 创新氛围影响他们的创新意识变化	
A26	TMT 的意识直接影响企业的战略方针	

每个分量表包括的题项如下：重视感，指员工创新技术的支持以实际行动表达出来，共 3 道题，具体包括第 1～3 题；支持感，指 TMT 对员工

创新行为以财务形式或态度以及行为上的支持，并对于导致的失败给予宽容与鼓励，使员工更加忠诚为企业做贡献，共 6 道题，具体包括第 4～9 题。

4.2.2 创新绩效量表

创新绩效的初始量表参考和借鉴了于晓宇等（2014）开发的创新绩效测量量表，对企业创新绩效进行测量，突破了传统绩效评价以财务作为唯一衡量标准，兼顾高科技企业以知识的探索与拓展为目标作为企业发展的重要评判指标，能比较有说服力地反映高科技企业的创新绩效，进一步完善创新绩效评判的标准和体系，有利于企业的可持续性发展。量表采用李克特五级量表，创新绩效的初始量表如表 4-2 所示。

表 4-2 创新绩效的初始量表

编号	题项内容
B11	技术创新保证了本企业能够跟得上市场变化速度
B12	技术创新保持和巩固了本企业的市场地位
B13	技术创新保证了企业本身相对于其他竞争者的技术优势
B21	技术创新构成了本企业的核心竞争力
B22	技术创新为企业本身的长远发展夯实了较好的基础
B23	产品投入的市场获得的认可度

4.2.3 员工创新行为量表

员工创新行为的初始量表采用的是刘云等（2009）和 Zhang（2020）的观点开发的 9 个题项的量表。该量表目前已被广泛采用和反复验证。同样量表的记分采用李克特五级量表，员工创新行为初始量表如表 4-3 所示。

表 4-3 员工创新行为初始量表

编号	题项内容
C1	员工主动学习意识比较强
C2	员工能够从不同角度去看问题
C3	员工擅长寻求处理问题的新主意与新方法
C4	员工有较强的创新意识
C5	员工敢于尝试有挑战性的研究课题或方向
C6	员工主动订阅期刊或参加展会
C7	员工经常思考新工艺带来的拓展性
C8	员工参加新技术培训并参加比赛
C9	员工会主动收集分析并总结当前发展科技的动态

4.2.4 人力资源激励机制

对人力资源激励机制的初始测量，本书使用 Scott 和 Bruce（1994）、李凤莲（2016）、李慧娟（2019）开发的成熟量表。量表的记分采用李克特五级量表，人力资源激励机制的初始量表如表 4-4 所示。

表 4-4 人力资源激励机制初始量表

编号	题项内容
D1a	企业对技术创新有较为完善的激励机制
D1b	您的企业会对专业领域优秀员工进行声誉表彰
D1c	您的企业会对员工的创新知识成果进行署名并保护
D1d	员工只有表现出色才能在企业中得到发展和提升
D1e	您的企业会为提升员工的知识和技能而提供职业的机会
D1f	公司重视内部提拔和晋升，空缺岗位优先考虑内部员工
D1g	为员工设计多条职业晋升通道，如管理路线、专业路线等
D1h	设立长期贡献奖，鼓励员工在企业长期发展

续表

编号	题项内容
D1i	公司会举办创新案例研讨和展示等活动增强员工的创新意识
D1j	实施股权/期权/科技成果收益权等与功劳相称的创新收益制
D2a	我认为我的工作为公司的创新发展做出了贡献
D2b	我认为参与公司创新项目建设能提升我的社会地位
D2c	我认为参与公司创新项目建设能提高我的综合能力
D2d	公司创新项目建设工作带来的挑战吸引着我
D3a	丰厚的薪水和奖金激励着我参与项目建设
D3b	各类社会保障（如五险一金）的提供激励着我参与项目建设
D3c	带薪休假、补贴、公开表扬等人性化公司制度激励着我参与项目建设
D3d	良好的工作环境、和谐的同事关系和热心的领导激励着我参与项目建设
D3e	培训学习机会、晋升机会和参与公司决策机会激励着我参与项目建设

4.2.5 控制变量

自变量能影响因变量，控制变量也能够影响因变量。在企业的实践中，TMT 创新意识作用于创新绩效的过程往往要受到企业内部因素和外部因素等多方面因素的影响，为了揭示本书各变量之间相互影响和作用的内在机理，需要将相关因素纳入模型，进行控制，使结论更加精准和稳健。本书着眼于研究 TMT 创新意识的两个维度，即重视感、支持感对创新绩效的影响作用。除此之外，还有其他各方面的因素，如 TMT 性别、年龄、文化程度、在本企业工作时间、职位、部门类型、企业性质、员工规模等因素也会在一定程度上影响创新绩效。因此，本书将性别、年龄、文化程度、在本企业工作时间、职位、部门类型、企业性质、员工规模八个因素作为控制变量，纳入模型进行研究。

4.3 问卷设计

本书的调查问卷总体按以下设计步骤开展：

第一，借鉴已有文献。本书通过对 TMT 创新意识和创新绩效有关概念、研究成果、结构维度、测量方法等相关文献进行梳理，选择国外经过实证的成熟量表作为初始量表，确定问卷题项。

第二，访谈高科技型企业高层管理人员。本书在通过文献梳理之后，根据成熟量表初步确定问卷题项，为了保证题项是否能够被调研对象所理解，是否符合企业管理实践，后续是否需要进行相应的修正，同时也为了初步确定研究的可行性和必要性，本书对八位高层管理者进行访谈（访谈提纲、访谈对象的基本情况和访谈内容如附录所示）。

第三，根据前面的两个步骤的文献研究和半结构化访谈，确定成熟量表和问卷的题项，据此设计编制问卷。

第四，小样本收集。为了保证量表的信效度，确定收集数据的可行性，保证数据顺利获取，后续研究能顺利开展。调查问卷在正式发放之前，先对北京、天津、青岛和济南四个城市的 200 个高层管理人员进行发放并回收，最终收回问卷 135 份。

第五，小样本预测试。用 SPSS21.0 对小样本数据进行描述性统计分析，了解被访企业高层管理者人员的性别、年龄、文化程度、在本企业工作时间、职位、部门类型、企业性质、员工规模等基本信息，挖掘和把握小样本数据的特征，在一定程度上把握样本是否具有代表性。用 SPSS 对小样本数据进一步信效度、探索性因子分析和验证性因子分析定量检验，确保样本的信效度，确定是否需要对量表的题项进行修正，形成最终的问卷。

第六，调查问卷分为五部分。第一部分是 TMT 创新意识的测量，两个维度九个题项。第二部分是对创新绩效进行测量。第三部分是对员工创新行为进行测量。第四部分是对创新激励机制进行测量。第五部分是企业高层管理人员个人基本信息和性别、年龄、文化程度、在本企业工作时间、职位、部门类型、企业性质、员工规模这八个控制变量。相关测量题项、维度和指标，详细的编码在上述变量定义和测量部分已有专门的阐述。

4.4 数据采集

4.4.1 小样本数据的采集

小样本的数据收集主要利用发放调查问卷的方式，回收预测试问卷。发放地区主要在北京、天津、青岛和济南。小样本预测试共发放预调查问卷1000 份，回收 285 份，剔除 15 份无效问卷，最后有效问卷为 270 份，问卷的有效回收率为 95%，问卷有效率 94.7%。

4.4.2 大样本数据的采集

大样本数据覆盖全国范围，调查问卷对象主要为企业中高层管理者、拥有决策权的高层管理者以及一些在关键岗位具有一定决策权的中层管理者，大部分为高层管理者。目前，TMT 创新意识和创新绩效的测量方法和工具并不完善，TMT 创新意识难以量化，调查的区域覆盖范围广，本书大部分的数据来自同行业以及一些第三方商业问卷公司，大样本数据共发放调查问卷

2000份，除了回收时间的要求外，还规定其对发放对象有明确的要求，必须是高科技企业的中高层管理或决策人员，并要求其公布发放单位的名称。

根据Tinsley和Tinsley（1987）建议，对于影响因素分析研究，建议题项数与样本数比例为1∶5左右。本书问卷题项数共为51项，但公司和个人信息共占8项，与本书研究实际内容直接相关的共43项。问卷回收了532份，剔除20份无效问卷，最后有效问卷为512份，问卷有效率为96.4%，达到研究要求。

4.5 数据分析方法

选择合适的研究方法和正确的数据统计分析的方法对于检验构建的理论模型和提出的假设非常重要。本书使用SPSS统计分析软件，所采用的统计分析方法主要有描述性统计分析、信度效度分析、因子分析、相关分析、回归分析检验。

4.5.1 描述性统计分析

描述性统计分析用于输出变量的各种描述性统计量的值，凭借各种数据所表示的统计量，如频率、均数、百分比等，实行单因素分析，对考察所得的许多数据资料进行初步的整理和归纳，然后再寻找这些资料的内在规律。

本书主要对人口统计学变量和主要的核心变量进行描述性统计分析。首先，采用描述性统计分析的频率对研究对象的性别、年龄、文化程度、在本企业工作时间、职位、部门类型、企业性质以及员工规模八个人口统计学变量进行描述并分析，通过汇总和比较各变量的频次及百分比，了解企业基本信息和其所在企业基本情况。其次，描述 TMT 创新意识、创新绩效、员工创新行为和激励机制各核心变量的测量题项的最大值、最小值、均值、方差等统计特征，以便进一步挖掘大样本数据的内在规律。

4.5.2 信度分析和效度分析

第一，信度分析。为了了解调查问卷量表的可靠性，需要对问卷数据做信度分析。信度是反映测量量表的内部一致性、稳定性及可靠性的指标。信度是相对而言的，但信度是效度的必要条件，信度高度决定效度高度。Cronbach'α 系数法常被用于定距尺度的测试量表，本书量表引用的是李克特五级量表的形式，因此采用 Cronbach's 系数信度检验方法（李怀祖，2004）检验量表的内部一致性，对各变量题项相互关联的内部一致性进行检测。利用系数对测量量表内部的一致性进行描述，如果系数值越大，表明量表测得的结果越可靠。李怀祖（2004）认为探索研究的 Cronbach'α 系数若大于 0.7 则数据通过内部一致性检验。

第二，效度分析。为了分析调查问卷量表的有效性，检验调研的结果目的是能否验证或诠释某个理论的术语、假设或构想，可阐述的程度如何，需要对问卷数据做效度分析。效度就是有效性，Zikmimd（1998）指出效度是指使用的测量工具或方法能够在何种程度上可以真实反映所要调查变量的内容和性质。杜智敏（2010）提出效度分析由内容效度和结构效度组成。内容效度主要通过本研究领域的专家依据相关理论进行逻辑分析和判断。结构效度是指能测量到的理论结构和特质的程度。结构效度分析通常选用因子分析进行检验。因子分析所提取的公因子就是测量变量内容，通过某种变量间的结构对问卷量表进行有效性检验，包括因子载荷和累积方差贡献率等。

4.5.3 因子分析

因子分析是检验量表效度的重要手段。因子分析是基于相干系数矩阵进行的变量内部组织的研究，目的是为了寻找能控制或能代表所有原始变量的少数几个因子（随机变量）来描述原变量间的关系，继而根据相关性大小进行变量分组。找到的少许几个变量通常被称为因子（DeCoster，1998）。

根据 Hair 等（1998）的观点，在样本量≥50，因子载荷系数>0.3 时，则可认为题项是显著的。载荷系数>0.4 时，表示题项是重要的。载荷系数>0.5 时，题项将被认为非常重要。解释总方差在 70%以内可接受。

4.5.4 相关分析

相关分析主要检验研究中的各变量维度之间的相关性。吴明隆（2003）认为，当自变量相互间的相关系数大于 0.7，或许存在多重共线性问题的可能。因此其建议，在进行回归分析前，需要对自变量进行相关分析，这样操作可以回避多重共线性问题的出现。所以，本书在进行层级回归之前对各个变量和各个维度实行相关分析，验证相关系数，验证变量之间的相关关系并检查是否存在共线性。

4.5.5 回归分析

相关分析只能说明变量与变量之间关系的密切程度，但并不表示两者有因果关系。比如相关性分析只能说明变量与维度之间有关系，但是哪个变量作用于哪个变量无法描述。具有方向性关系的描述需用回归分析统计方法。

回归分析中的变量关系不是对称关系，因变量是随机变量、是因子，自变量是非随机变量。回归分析可以对两个变量进行一元线性回归分析，也可以对一个因变量和多个自变量进行多元线性回归分析。回归分析是通过对回归方程的拟合优度来检验的，其指标包括标准化系数 β、非标准化系数 β 值 Sig. 、估计值标准误差 F 值 Sig. 、相关系数 R、决定系数 R^2 以及调整后决定系数的 R^2 等。本书有一个自变量对应一个因变量，三个自变量对应一个因变量的相关关系，因此将运用 SPSS21.0 软件，使用一元线性回归和多元线性回归的方法对几个核心变量之间的影响关系进行验证，检验了自变量、中介变量和因变量直接的直接和间接关系。拟合指标如表 4-5 所示，可视为模型适配度良好。

表 4-5　模型检验拟合评价指标

拟合指标	SRMR	RMSEA	GFI	AGFI	NFI	IFI	TLI	CFI
判断标准	<0.08	<0.08	>0.9	>0.9	>0.9	>0.9	>0.9	>0.9
结论	合格	合格	合格	合格	合格	合格	合格	合格

5 数据分析与假设检验

5.1 小样本预测试与问卷修正

为了保证量表中各维度的准确性以及题项的合理性，采用定量的方法对量表题项和维度进行信效度检验，确定量表是否需要修正。因此，本书在发放大样本的正式问卷之前，还将通过对小样本进行测试，用定量的方法检验并修正问卷。

5.1.1 测试样本描述

问卷调查选择了北京、天津、青岛、济南四个城市来自不同企业的 300 位企业高管，包括企业家、职业经理人、高层主管进行发放，共发放问卷 1000 份，收回问卷 285 份，剔除 15 份无效问卷，最终得到 270 份有效问卷，有效率为 94.7%。本书对小样本受访者的公司和个人信息进行统计，得到小样本数据人口统计学基本情况如表 5-1 所示。

表 5-1 有效问卷样本收回统计

	问卷数量（份）	问卷数量占比（%）
问卷发放	1000	100.0
收回	285	28.5
剔除	15	5.2
有效	270	94.7
总计	270	100.0

5.1.2 基础与描述信息分析

表 5-2 描述性统计结果显示，高管性别比例男性占 51.9%，女性占 48.1%，男性高管略多，男女比例基本持平，说明高管人群中女性的地位不容忽视。高管群体年龄以 30~50 岁年龄段居多，尤其是 41~50 岁年龄段，占 39.6%，30 岁以下仅占 14.0%，说明高层管理者在年龄特征上，大部分都具有一定的人生阅历，各方面判断力和决策力相对比较成熟。高层管理人员的文化程度大学学历占 34.8%，研究生学历占 49.6%，从学历来看，高层管理者绝大部分不但受过高等教育，还具备很强的专业技术能力；填写问卷的高层管理者文化层次主要为大学以上学历，具备了较好的文化素质，有助于对问卷题项意思的理解，也比较专业，保证了问卷的可辨识性和准确性。填写问卷的高层管理者在现企业工作超过 3 年的有 80%以上，说明大部分的受访者是企业的老员工，对企业的制度、规则都非常清楚，保证了问卷的真实性。部门类别中研发、行政、营销与生产一共占比 76%以上，说明问卷填写者对客观事实非常清楚，保证了问卷的真实性。从企业的性质上看，民营占 55%以上，说明科创性企业大多还是以小公司为主。从公司的规模也可以看出，小于 200 人的企业占将近 50%，也说明了科创公司以小公司为主。从以上的分析可知，该样本数据具有代表性和典型性，为后续研究提供了比较可靠和典型的数据来源。

表 5-2 小样本人口统计学基本情况描述统计（N=270）

题项	题项分类	人数（人）	比例（%）
性别	男	140	51.9
	女	130	48.1
年龄	30岁以下	38	14.0
	31~40岁	105	38.9
	41~50岁	107	39.6
	51岁以上	20	8.5
文化程度	高中及以下	2	0.7
	专科	18	6.7
	大学	94	34.8
	研究生	134	49.6
	博士	22	8.2
在本企业工作时间	2年以下	50	18.5
	3~5年	60	22.2
	6~10年	66	24.4
	11~15年	40	14.8
	16~20年	34	12.6
	20年以上	20	7.4
您的职位	普通员工	44	16.2
	基层主管	28	10.4
	中层管理者	86	31.9
	高层管理者	72	26.7
	企业拥有者	26	9.6
	其他	14	5.2
部门类别	生产	16	5.9
	行政类	82	30.4
	研发	28	10.4
	营销	80	29.6
	其他	64	23.7
企业性质	国有	92	34
	集体企业	4	1.48
	民营	150	55.6

续表

题项	题项分类	人数（人）	比例（%）
企业性质	外商独资	18	6.67
	中外合资	24	8.9
员工规模	小于 200 人	126	46.7
	201～500 人	60	22.2
	501～1000 人	26	9.6
	1000～3000 人	58	21.5

资料来源：根据 SPSS20.0 输出结果整理。

5.1.3 测试分析结果

5.1.3.1 项目分析

按量表中测量的维度分别进行分析，参照吴明隆（2009）的项目分析方法，使用 SPSS 进行分析：将题项分值加总后按前 27%和后 27%进行分组，使用独立样本 T 检验得到决断值及其显著性，以 t 值作为决断值，以 Sig 值判断显著性，决断值越大说明题项鉴别度越高，而未达显著的题项应删除。结果如表 5-3 所示。

表 5-3 描述性分析（N=270）

描述统计量									
	N	极小值	极大值	均值	标准差	偏度		峰度	
	统计量	统计量	统计量	统计量	统计量	统计量	标准误	统计量	标准误
创新重视 1	270	1.00	5.00	4.0296	0.90386	−0.545	0.148	−0.348	0.295
创新重视 2	270	1.00	5.00	4.2593	0.84451	−1.119	0.148	1.136	0.295
创新重视 3	270	1.00	5.00	4.1778	0.84367	−0.946	0.148	0.802	0.295
创新支持 1	270	2.00	5.00	4.1333	0.86913	−0.673	0.148	−0.415	0.295
创新支持 2	270	1.00	5.00	3.8148	1.07132	−0.538	0.148	−0.670	0.295
创新支持 3	270	2.00	5.00	4.3037	0.85598	−1.201	0.148	0.839	0.295

续表

描述统计量									
	N	极小值	极大值	均值	标准差	偏度		峰度	
	统计量	统计量	统计量	统计量	统计量	统计量	标准误	统计量	标准误
创新支持 4	270	2.00	5.00	4.3111	0.80396	-1.142	0.148	0.948	0.295
创新支持 5	270	2.00	5.00	4.2370	0.78278	-0.631	0.148	-0.521	0.295
创新支持 6	270	1.00	5.00	4.3778	0.81680	-1.704	0.148	3.743	0.295
创新绩效 1	270	1.00	5.00	4.3259	0.83448	-1.292	0.148	1.630	0.295
创新绩效 2	270	1.00	5.00	4.3037	0.78342	-1.246	0.148	2.080	0.295
创新绩效 3	270	1.00	5.00	4.3630	0.79597	-1.637	0.148	3.810	0.295
创新绩效 4	270	2.00	5.00	4.3111	0.81315	-1.129	0.148	0.826	0.295
创新绩效 5	270	2.00	5.00	4.4000	0.75368	-1.440	0.148	2.266	0.295
创新绩效 6	270	2.00	5.00	4.1481	0.81362	-0.612	0.148	-0.357	0.295
创新行为 1	270	2.00	5.00	4.0370	0.85714	-0.499	0.148	-0.549	0.295
创新行为 2	270	2.00	5.00	4.0370	0.83961	-0.450	0.148	-0.594	0.295
创新行为 3	270	2.00	5.00	3.9259	0.89301	-0.296	0.148	-0.880	0.295
创新行为 4	270	1.00	5.00	4.0074	0.94059	-0.609	0.148	-0.343	0.295
创新行为 5	270	2.00	5.00	3.9704	0.93618	-0.434	0.148	-0.859	0.295
创新行为 6	270	1.00	5.00	3.8889	0.96532	-0.425	0.148	-0.626	0.295
创新行为 7	270	1.00	5.00	3.6593	1.11204	-0.439	0.148	-0.576	0.295
创新行为 8	270	1.00	5.00	3.9259	0.97271	-0.681	0.148	-0.053	0.295
创新行为 9	270	1.00	5.00	3.8667	1.06167	-0.670	0.148	-0.325	0.295
激励 1	270	1.00	5.00	3.9926	0.94059	-0.849	0.148	0.426	0.295
激励 2	270	1.00	5.00	3.9185	0.92910	-0.622	0.148	0.095	0.295
激励 3	270	1.00	5.00	4.1481	0.85810	-0.930	0.148	0.716	0.295
激励 4	270	1.00	5.00	4.0444	0.95136	-0.924	0.148	0.488	0.295
激励 5	270	2.00	5.00	4.0296	0.86175	-0.408	0.148	-0.778	0.295
激励 6	270	1.00	5.00	4.0519	0.89042	-0.930	0.148	0.927	0.295
激励 7	270	1.00	5.00	4.1185	0.83645	-0.764	0.148	0.450	0.295
激励 8	270	1.00	5.00	4.0593	0.92678	-0.852	0.148	0.460	0.295
激励 9	270	1.00	5.00	3.9630	1.07287	-0.981	0.148	0.396	0.295
激励 10	270	1.00	5.00	4.0444	0.95914	-1.057	0.148	0.961	0.295
激励 11	270	1.00	5.00	3.9259	1.09497	-0.982	0.148	0.381	0.295

续表

描述统计量									
	N	极小值	极大值	均值	标准差	偏度		峰度	
	统计量	统计量	统计量	统计量	统计量	统计量	标准误	统计量	标准误
激励 12	270	2.00	5.00	4.1556	0.82585	-0.536	0.148	-0.702	0.295
激励 13	270	2.00	5.00	4.0889	0.86628	-0.519	0.148	-0.695	0.295
激励 14	270	2.00	5.00	4.2667	0.74375	-0.803	0.148	0.310	0.295
激励 15	270	2.00	5.00	4.1259	0.83981	-0.621	0.148	-0.395	0.295
激励 16	270	1.00	5.00	4.1037	0.88165	-1.057	0.148	1.286	0.295
激励 17	270	1.00	5.00	4.0148	0.97542	-0.950	0.148	0.618	0.295
激励 18	270	1.00	5.00	4.0889	0.95603	-1.208	0.148	1.555	0.295
激励 19	270	1.00	5.00	4.2148	0.79389	-1.212	0.148	2.111	0.295

从表 5-3 小样本数据特征描述性统计分析结果看，各题项均值都在 3.6593~4.4，可见其分布比较均衡。各题项标准差均在 0.74375 ~ 1.11204，说明样本数据离散度小。Klein（1998）认为，当样本数据偏度绝对值<3、峰度绝对值<8 时，则可视为观测变量基本符合正态分布。而从以上统计结果看，所有题项偏度绝对值≤1.704，峰度绝对值≤3.81，远小于 Klein（1998）提出的参考值。因此，可以被认为大样本数据的形态基本符合正态分布，满足本书研究假设对分析数据的基本要求。

表 5-4 的 T 检验结果显示统计量 t 值均大于 0.01，p 值均等于 0，均小于 0.01，说明此研究的总体样本差异非常显著，有统计学意义。

表 5-4　单个样本 T 检验（N=270）

单个样本统计量					单个样本检验					
					检验值=0					
题项	N	均值	标准差	均值的标准误	t	df	Sig.（双侧）	均值差值	差分的 95% 置信区间	
									下限	上限
创新重视 1	270	4.0296	0.90386	0.05501	73.256	269	0.000	4.02963	3.9213	4.1379

续表

单个样本统计量					单个样本检验					
					检验值=0					
题项	N	均值	标准差	均值的标准误	t	df	Sig.（双侧）	均值差值	差分的95%置信区间	
									下限	上限
创新重视2	270	4.2593	0.84451	0.05140	82.872	269	0.000	4.25926	4.1581	4.3604
创新重视3	270	4.1778	0.84367	0.05134	81.369	269	0.000	4.17778	4.0767	4.2789
创新支持1	270	4.1333	0.86913	0.05289	78.144	269	0.000	4.13333	4.0292	4.2375
创新支持2	270	3.8148	1.07132	0.06520	58.511	269	0.000	3.81481	3.6865	3.9432
创新支持3	270	4.3037	0.85598	0.05209	82.615	269	0.000	4.30370	4.2011	4.4063
创新支持4	270	4.3111	0.80396	0.04893	88.113	269	0.000	4.31111	4.2148	4.4074
创新支持5	270	4.2370	0.78278	0.04764	88.941	269	0.000	4.23704	4.1432	4.3308
创新支持6	270	4.3778	0.81680	0.04971	88.068	269	0.000	4.37778	4.2799	4.4756
创新绩效1	270	4.3259	0.83448	0.05078	85.182	269	0.000	4.32593	4.2259	4.4259
创新绩效2	270	4.3037	0.78342	0.04768	90.268	269	0.000	4.30370	4.2098	4.3976
创新绩效3	270	4.3630	0.79597	0.04844	90.067	269	0.000	4.36296	4.2676	4.4583
创新绩效4	270	4.3111	0.81315	0.04949	87.116	269	0.000	4.31111	4.2137	4.4085
创新绩效5	270	4.4000	0.75368	0.04587	95.929	269	0.000	4.40000	4.3097	4.4903
创新绩效6	270	4.1481	0.81362	0.04952	83.775	269	0.000	4.14815	4.0507	4.2456
创新行为1	270	4.0370	0.85714	0.05216	77.392	269	0.000	4.03704	3.9343	4.1397
创新行为2	270	4.0370	0.83961	0.05110	79.007	269	0.000	4.03704	3.9364	4.1376
创新行为3	270	3.9259	0.89301	0.05435	72.238	269	0.000	3.92593	3.8189	4.0329
创新行为4	270	4.0074	0.94059	0.05724	70.008	269	0.000	4.00741	3.8947	4.1201
创新行为5	270	3.9704	0.93618	0.05697	69.687	269	0.000	3.97037	3.8582	4.0825
创新行为6	270	3.8889	0.96532	0.05875	66.197	269	0.000	3.88889	3.7732	4.0046
创新行为7	270	3.6593	1.11204	0.06768	54.070	269	0.000	3.65926	3.5260	3.7925
创新行为8	270	3.9259	0.97271	0.05920	66.319	269	0.000	3.92593	3.8094	4.0425
创新行为9	270	3.8667	1.06167	0.06461	59.845	269	0.000	3.86667	3.7395	3.9939
激励1	270	3.9926	0.94059	0.05724	69.749	269	0.000	3.99259	3.8799	4.1053
激励2	270	3.9185	0.92910	0.05654	69.301	269	0.000	3.91852	3.8072	4.0298
激励3	270	4.1481	0.85810	0.05222	79.433	269	0.000	4.14815	4.0453	4.2510
激励4	270	4.0444	0.95136	0.05790	69.855	269	0.000	4.04444	3.9305	4.1584

续表

单个样本统计量					单个样本检验					
					检验值=0					
题项	N	均值	标准差	均值的标准误	t	df	Sig.（双侧）	均值差值	差分的 95% 置信区间	
									下限	上限
激励 5	270	4.0296	0.86175	0.05244	76.836	269	0.000	4.02963	3.9264	4.1329
激励 6	270	4.0519	0.89042	0.05419	74.773	269	0.000	4.05185	3.9452	4.1585
激励 7	270	4.1185	0.83645	0.05090	80.906	269	0.000	4.11852	4.0183	4.2187
激励 8	270	4.0593	0.92678	0.05640	71.970	269	0.000	4.05926	3.9482	4.1703
激励 9	270	3.9630	1.07287	0.06529	60.696	269	0.000	3.96296	3.8344	4.0915
激励 10	270	4.0444	0.95914	0.05837	69.288	269	0.000	4.04444	3.9295	4.1594
激励 11	270	3.9259	1.09497	0.06664	58.915	269	0.000	3.92593	3.7947	4.0571
激励 12	270	4.1556	0.82585	0.05026	82.682	269	0.000	4.15556	4.0566	4.2545
激励 13	270	4.0889	0.86628	0.05272	77.559	269	0.000	4.08889	3.9851	4.1927
激励 14	270	4.2667	0.74375	0.04526	94.264	269	0.000	4.26667	4.1776	4.3558
激励 15	270	4.1259	0.83981	0.05111	80.728	269	0.000	4.12593	4.0253	4.2266
激励 16	270	4.1037	0.88165	0.05366	76.482	269	0.000	4.10370	3.9981	4.2093
激励 17	270	4.0148	0.97542	0.05936	67.632	269	0.000	4.01481	3.8979	4.1317
激励 18	270	4.0889	0.95603	0.05818	70.277	269	0.000	4.08889	3.9743	4.2034
激励 19	270	4.2148	0.79389	0.04831	87.237	269	0.000	4.21481	4.1197	4.3099

5.1.3.2 信度检验

在信度检验中，通常 CITC（Corrected Item-Total Correlation）值大于 0.3，而且 Cronbach's α 值在 0.6 以上，则说明该题项可以接受。如果 CITC≤0.3，则把该题项删除。再使用 SPSS20.0 软件对样本数据实行 KMO 和 Bartlett 球形度检验来验证能否进行因子分析（KMO≥0.7），提取特征值>1 的因子，删除因子载荷值<0.5 的题项或者横跨两个因子且因子载荷值均>0.5 的题项。从而达到优化量表结构效度，并最终检验量表信度的目的。

表 5-5 的结果显示，TMT 创新意识、创新绩效、员工创新行为量表和激

励机制量表值均大于0.7，CITC值均大于0.5，可见，该量表比较理想，量表内部一致性也比较好，达到研究要求。

表5-5 信度检验（N=270）

<table>
<tr><th>题项</th><th>题项代码</th><th>CITC</th><th>项已删除的 Cronbach's α 值</th><th colspan="3">Cronbach's α 值</th></tr>
<tr><td>创新重视1</td><td>A11</td><td>0.702</td><td>0.776</td><td rowspan="3">0.838</td><td rowspan="9">0.926</td><td rowspan="27">0.982</td></tr>
<tr><td>创新重视2</td><td>A12</td><td>0.685</td><td>0.791</td></tr>
<tr><td>创新重视3</td><td>A13</td><td>0.719</td><td>0.759</td></tr>
<tr><td>创新支持1</td><td>A21</td><td>0.623</td><td>0.861</td><td rowspan="6">0.881</td></tr>
<tr><td>创新支持2</td><td>A22</td><td>0.627</td><td>0.877</td></tr>
<tr><td>创新支持3</td><td>A23</td><td>0.603</td><td>0.865</td></tr>
<tr><td>创新支持4</td><td>A24</td><td>0.730</td><td>0.859</td></tr>
<tr><td>创新支持5</td><td>A25</td><td>0.636</td><td>0.848</td></tr>
<tr><td>创新支持6</td><td>A26</td><td>0.617</td><td>0.854</td></tr>
<tr><td>创新绩效1</td><td>B11</td><td>0.811</td><td>0.925</td><td rowspan="3">0.926</td><td rowspan="6">0.934</td></tr>
<tr><td>创新绩效2</td><td>B12</td><td>0.885</td><td>0.864</td></tr>
<tr><td>创新绩效3</td><td>B13</td><td>0.852</td><td>0.890</td></tr>
<tr><td>创新绩效4</td><td>B21</td><td>0.715</td><td>0.799</td><td rowspan="3">0.851</td></tr>
<tr><td>创新绩效5</td><td>B22</td><td>0.835</td><td>0.689</td></tr>
<tr><td>创新绩效6</td><td>B23</td><td>0.627</td><td>0.882</td></tr>
<tr><td>创新行为1</td><td>C1</td><td>0.671</td><td>0.961</td><td colspan="2" rowspan="9">0.959</td></tr>
<tr><td>创新行为2</td><td>C2</td><td>0.840</td><td>0.954</td></tr>
<tr><td>创新行为3</td><td>C3</td><td>0.868</td><td>0.952</td></tr>
<tr><td>创新行为4</td><td>C4</td><td>0.861</td><td>0.953</td></tr>
<tr><td>创新行为5</td><td>C5</td><td>0.872</td><td>0.952</td></tr>
<tr><td>创新行为6</td><td>C6</td><td>0.843</td><td>0.953</td></tr>
<tr><td>创新行为7</td><td>C7</td><td>0.859</td><td>0.953</td></tr>
<tr><td>创新行为8</td><td>C8</td><td>0.863</td><td>0.952</td></tr>
<tr><td>创新行为9</td><td>C9</td><td>0.819</td><td>0.955</td></tr>
<tr><td>激励1</td><td>D1a</td><td>0.669</td><td>0.960</td><td rowspan="3">0.959</td><td rowspan="3">0.971</td></tr>
<tr><td>激励2</td><td>D1b</td><td>0.800</td><td>0.955</td></tr>
<tr><td>激励3</td><td>D1c</td><td>0.838</td><td>0.953</td></tr>
</table>

续表

题项	题项代码	CITC	项已删除的 Cronbach's α 值	Cronbach's α 值		
激励 4	D1d	0.803	0.955	0.959	0.971	0.982
激励 5	D1e	0.856	0.953			
激励 6	D1f	0.868	0.952			
激励 7	D1g	0.826	0.954			
激励 8	D1h	0.850	0.953			
激励 9	D9i	0.847	0.953			
激励 10	D1j	0.834	0.953			
激励 11	D2a	0.551	0.902	0.855		
激励 12	D2b	0.744	0.798			
激励 13	D2c	0.831	0.759			
激励 14	D2d	0.746	0.804			
激励 15	D3a	0.686	0.940	0.932		
激励 16	D3b	0.846	0.911			
激励 17	D3c	0.832	0.914			
激励 18	D3d	0.878	0.905			
激励 19	D3e	0.874	0.908			

5.1.3.3 效度检验

表 5-6 创新企业激励模型构面维度效度检验表 KMO 和 Bartlett 检验的结果显示，TMT 创新意识、创新企业绩效、员工创新行为和激励机制 KMO 值分别为 0.896、0.895、0.941 和 0.933。Bartlett 值分别为 1841.488、1435.125、2550.491、5510.08，统计量显著性水平 Sig. 值均为 0.000，因此本书 TMT 创新意识模型构面维度表适合做因子分析。

表 5-6 效度检验（N=270）

变量	KMO 值	Bartlett 检验		
		近似卡方	df	Sig.
TMT 创新意识	0.896	1841.488	36	0.000

续表

变量	KMO 值	Bartlett 检验		
		近似卡方	df	Sig.
创新绩效	0.895	1435.125	15	0.000
员工创新行为	0.941	2550.491	36	0.000
激励机制	0.933	5510.08	153	0.000

5.1.3.4 控制变量检测

通过表 5-7 可知，使用方差齐次检验和均值 t 检验的 Sig. 值联合判断可知，控制变量中，性别、年龄、文化程度、在本企业工作时间、您的职位、您的部门、企业性质和员工规模 8 个控制变量得分对中介变量员工创新行为以及因变量创新绩效量表双侧 Sig. 值除了职位为 0.055 外，均为 0.000，具有显著影响，因此在假设检验的回归分析中，应将以上 7 个变量作为控制变量。删除职位控制变量。

表 5-7 控制变量检测

单因素方差分析							方差齐性检验	
变量		平方和	df	均方	F	Sig.（双侧）	Levene 统计量	Sig.
性别	组间	15.396	29	0.531	2.450	0.000	26.455	0.000
	组内	52.012	240	0.217				
年龄	组间	40.538	29	1.398	2.314	0.000	4.308	0.000
	组内	145.002	240	0.604				
文化程度	组间	41.119	29	1.418	2.915	0.000	2.863	0.000
	组内	116.748	240	0.486				
在本企业工作时间	组间	139.265	29	4.802	2.419	0.000	4.778	0.000
	组内	476.498	240	1.985				
您的职位	组间	76.861	29	2.650	1.497	0.055	5.282	0.000
	组内	424.857	240	1.770				

续表

单因素方差分析							方差齐性检验	
变量		平方和	df	均方	F	Sig.（双侧）	Levene 统计量	Sig.
您的部门	组间	103.631	29	3.573	2.939	0.000	4.379	0.000
	组内	291.836	240	1.216				
企业性质	组间	41.628	29	1.435	2.166	0.001	3.538	0.000
	组内	159.024	240	0.663				
员工规模	组间	91.709	29	3.162	2.605	0.000	5.382	0.000
	组内	291.343	240	1.214				

5.1.4 因子分析

探索性因子分析常用于分析构造变量内在结构的方法，也常用于量表的修正。其通过删除负载系数过低的变量来提高量表的信度和效度。探索性因子分析主要通过主成分分析解释总方差分析，并通过提取特征根>1 的公因子，对量表结构进行检验。根据 Hairetal（1998）的观点，在样本量≥50 时，因子载荷系数>0.3，则题项可认为显著的。载荷系数>0.4，表示题项是非常重要的。载荷系数>0.5，则题项将被认为非常重要。

从表 5-8 解释总方差的检验结果看，两个公因子解释的总方差比例为 76.223%，在可接受范围内。其中，解释比例最高公因子 1 为 42.822%，公因子 2 解释比例为 33.401%。

表 5-8 解释总方差分析

成分	初始特征值			提取平方和载入			旋转平方和载入		
	合计	方差的%	累积%	合计	方差的%	累积%	合计	方差的%	累积%
1	5.702	63.352	63.352	5.702	63.352	63.352	3.854	42.822	42.822
2	1.158	12.871	76.223	1.158	12.871	76.223	3.006	33.401	76.223

由表 5-9 可知，所有 9 个题项指标中 TMT 创新意识支持度中 A21 和 A22 因子负荷值为 0.229 和 0.170，均小于 3，根据 Hairetal（1998）的观点，将此两项题目删除，其他 7 个题项的因子负荷值都在 0.5 以上（最大值为 0.927，最小值 0.615），并且针对 7 个题项指标均在同一个因子中表现出超过 0.5 的因子负荷值，因而从因子得分来看，TMT 创新意识量表符合研究要求。

表 5-9　各维度旋转因子载荷

	旋转成分矩阵[a]		
维度	题项号码	成分	
		1	2
TMT 创新意识重视度	A11	0.788	
	A12	0.727	
	A13	0.752	
TMT 创新意识支持度	A21		0.229
	A22		0.170
	A23		0.828
	A24		0.927
	A25		0.615
	A26		0.763

注：a 表示旋转在 3 次迭代后收敛。

5.1.5　试测分析结论

从以上小样本检验情况看，TMT 创新意识、创新企业绩效、员工创新行为、人力资源激励机制量表经过 CITC 检验、探索性因子分析检验，其量表信度与效度均良好，量表的稳定性、真实性和内部一致性非常好，符合研究要求。

经过以上小样本测试，以及相关专家、学者、受访对象征求意见，最终形成的正式量表如表 5-10 所示。

表 5-10 正式问卷题项

维度	构面	题项代码	测量题项
TMT 创新意识	重视度	A11	TMT 能够尊重不同的意见与异议
		A12	TMT 领导鼓励员工尝试新工艺、开发新产品
		A13	TMT 能够受信任部属并进行适当授权
	支持度	A23	TMT 的专业背景对他们的意识起着重要作用
		A24	TMT 的工作经验背景对他们的意识起着重要作用
		A25	TMT 创新氛围影响他们的意识变化
		A26	TMT 的意识直接影响企业的战略方针
创新绩效	探索性绩效	B11	技术创新保证了本企业能够跟得上市场变化速度
		B12	技术创新保持和巩固了本企业的市场地位
		B13	技术创新保证了企业本身相对于其他竞争者的技术优势
	拓展性绩效	B21	技术创新构成了本企业的核心竞争力
		B22	技术创新为企业本身的长远发展奠定了较好的基础
		B23	产品投入的市场获得的认可度
员工创新行为		C1	员工主动学习意识比较强
		C2	员工能够从不同角度看问题
		C3	员工擅长寻求解决问题的新主意与新方法
		C4	员工有较强的创新意识
		C5	员工敢于尝试有挑战性的研究课题或方向
		C6	员工主动订阅期刊或参加展会
		C7	员工经常思考新工艺带来的拓展性
		C8	员工参加新技术培训并参加比赛
		C9	员工会主动收集、分析并总结当前发展科技的动态
激励机制	晋升激励	D1a	企业对技术创新有较为完善的激励机制
		D1b	您的企业会对专业领域优秀员工进行声誉表彰
		D1c	您的企业会对员工的创新知识成果进行署名并保护
		D1d	员工只有表现出色才能在企业中得到发展和提升
		D1e	您的企业会为提升员工的知识和技能而提供职业的机会
		D1f	公司重视内部提拔和晋升，空缺岗位优先考虑内部员工

续表

维度	构面	题项代码	测量题项
激励机制	晋升激励	D1g	为员工设计多条职业晋升通道，如管理路线、专业路线等
		D1h	设立长期贡献奖，鼓励员工在企业长期发展
		D1i	公司会举办创新案例研讨和展示等活动增强员工的创新意识
		D1j	实施股权/期权/科技成果收益权等与功劳相匹配的创新收益制
	内部激励	D2c	参与公司创新项目建设能提高我的综合能力
		D2d	公司创新项目建设工作带来的挑战吸引着我
		D3a	丰厚的薪水和奖金激励着我参与项目建设
	外部激励	D3b	各类社会保障（如五险一金）的提供激励着我参与项目建设
		D3c	带薪休假、补贴、公开表扬等人性化公司制度激励着我参与项目建设
		D3d	良好的工作环境、和谐的同事关系和热心的领导激励着我参与项目建设
		D3e	培训学习机会、晋升机会和参与公司决策机会激励着我参与项目建设
		D2c	我认为参与公司创新项目建设能提高我的综合能力

5.2 大样本数据检验

大样本数据是经小样本数据预测试，小样本具有良好的信效度，无须修正。正式发放调查问卷获得大样本数据后，样本数据发生了变化，数据特征等各方面发生了变化，都将影响后续的研究结论的准确性，因此仍然需要借助 SPSS20.0 统计分析软件，采用统计分析方法对大样本数据进行描述性统计分析、信度和效度分析、因子分析、相关分析、回归分析和权重分析。

表 5-11 描述性统计结果显示，高管性别比例男性占 57.8%，女性占 42.2%，男性高管比女性高管人数略多一些，但无明显绝对数量优势，说明高管人群中女性的地位不容忽视。高管群体年龄以 31~50 岁居多，两者一共所占比例达到 92%以上，说明高层管理者在年龄特征上，大部分都具有一定的人生阅历，各方面判断力和决策力相对比较成熟。高层管理人员的文化程度大学学历占 26.0%，研究生学历占 66.6%，从学历上看，高层管理者绝大部分不但受过高等教育，还具备很强的专业技术能力；填写问卷的高层管理者文化层次主要为大学甚至研究生以上学历，具备了较好的文化素质，有助于对问卷题项意思的理解，也比较专业，保证了问卷的可辨识性和准确性。填写问卷的高层管理者在现企业工作超过 3 年的有 80%以上，说明大部分的受访者是企业的老员工，对企业的制度、规则都非常清楚，保证了问卷的真实性。部门类别中研发、行政、营销与生产一共占比 67%以上，说明问卷填写者对客观事实非常清楚，保证了问卷的真实性。从企业的性质上看，民营占 40.6%，国有占 46.3%，外商独资占 13.1%，说明科创性企业大多还是以小公司为主。从公司的规模也可以看出，小于 200 人的企业与 201~500 人的企业属于中小型企业，占将近 60%，说明了科创公司以中小公司为主。从以上的分析可知，该样本数据具有代表性和典型性，为后续研究提供了比较可靠和典型的数据来源。

表 5-11　基础背景分析

题项	题项分类	人数	比例（%）
性别	男	296	57.8
	女	216	42.2
年龄	30 岁以下	38	7.4
	31~40 岁	238	46.5
	41~50 岁	236	46.1

续表

题项	题项分类	人数	比例（%）
文化程度	大学	133	26.0
	研究生	341	66.6
	博士	38	7.4
在本企业工作时间	2 年以下	84	16.4
	3~5 年	118	23.0
	6~10 年	106	20.7
	11~15 年	65	12.7
	16~20 年	129	25.2
	20 年以上	10	2.0
部门类别	研发类	45	8.8
	生产类	10	2.0
	营销类	99	19.3
	行政类	189	36.9
	其他	169	33.0
企业性质	国有	237	46.3
	民营	208	40.6
	外商独资	67	13.1
员工规模	小于 200 人	89	17.4
	201~500 人	208	40.6
	501~1000 人	133	26.0
	1001~3000 人	82	16.0

5.2.1 描述性统计分析

为了对大样本数据来源及其他一些特征进行详细挖掘和了解，以表格统计汇总的方式对样本的数据进行描述分析。以下是大样本数据的一些具体的基本情况，如问卷覆盖范围、性别、年龄、文化程度、在本企业工作时间、部门、企业性质、员工规模 8 个问题（见表 5-12）。

表 5-12 大样本数据描述统计量

描述统计量									
项目名称	项目代码	极小值	极大值	均值	标准差	偏度		峰度	
		统计量	统计量	统计量	统计量	统计量	标准误	统计量	标准误
创新重视 1	InnoAW1	1.00	5.00	4.0488	0.89986	−0.549	0.108	−0.358	0.215
创新重视 2	InnoAW2	1.00	5.00	4.2500	0.85322	−1.186	0.108	1.516	0.215
创新重视 3	InnoAW3	1.00	5.00	4.1777	0.81908	−0.853	0.108	0.604	0.215
创新支持 3	InnoSU3	2.00	5.00	4.2695	0.84724	−1.126	0.108	0.738	0.215
创新支持 4	InnoSU4	2.00	5.00	4.3027	0.77646	−1.062	0.108	0.881	0.215
创新支持 5	InnoSU5	2.00	5.00	4.2285	0.76910	−0.571	0.108	−0.608	0.215
创新支持 6	InnoSU6	1.00	5.00	4.3711	0.77066	−1.623	0.108	3.868	0.215
创新绩效 1	PF1	1.00	5.00	4.3086	0.84775	−1.293	0.108	1.677	0.215
创新绩效 2	PF2	1.00	5.00	4.2773	0.78466	−1.288	0.108	2.462	0.215
创新绩效 3	PF3	1.00	5.00	4.3516	0.80934	−1.680	0.108	3.957	0.215
创新绩效 4	PF4	2.00	5.00	4.2793	0.82649	−1.081	0.108	0.672	0.215
创新绩效 5	PF5	2.00	5.00	4.4141	0.74316	−1.469	0.108	2.416	0.215
创新绩效 6	PF6	2.00	5.00	4.1348	0.81294	−0.581	0.108	−0.408	0.215
创新行为 1	Behavior1	2.00	5.00	4.0645	0.81194	−0.427	0.108	−0.609	0.215
创新行为 2	Behavior2	2.00	5.00	3.9473	0.86639	−0.261	0.108	−0.908	0.215
创新行为 3	Behavior3	1.00	5.00	4.0098	0.90546	−0.559	0.108	−0.346	0.215
创新行为 4	Behavior4	2.00	5.00	3.9590	0.93438	−0.424	0.108	−0.852	0.215
创新行为 5	Behavior5	1.00	5.00	3.8398	0.95789	−0.386	0.108	−0.537	0.215
创新行为 6	Behavior6	1.00	5.00	3.6484	1.09323	−0.414	0.108	−0.548	0.215
创新行为 7	Behavior7	1.00	5.00	3.8965	0.96059	−0.563	0.108	−0.326	0.215
创新行为 8	Behavior8	1.00	5.00	3.8125	1.07816	−0.628	0.108	−0.442	0.215
创新行为 9	Behavior9	1.00	5.00	3.9668	0.92839	−0.788	0.108	0.403	0.215
激励 1	ince1	1.00	5.00	3.9121	0.96418	−0.757	0.108	0.418	0.215
激励 2	ince2	1.00	5.00	4.0840	0.90594	−1.022	0.108	1.095	0.215
激励 3	ince3	1.00	5.00	4.0254	0.91804	−0.888	0.108	0.586	0.215
激励 4	ince4	2.00	5.00	4.0059	0.85205	−0.392	0.108	−0.712	0.215
激励 5	ince5	1.00	5.00	4.0352	0.88183	−0.894	0.108	0.777	0.215
激励 6	ince6	1.00	5.00	4.0957	0.88288	−0.993	0.108	1.200	0.215
激励 7	ince7	1.00	5.00	4.0371	0.95934	−0.995	0.108	0.894	0.215

续表

描述统计量									
项目名称	项目代码	极小值	极大值	均值	标准差	偏度		峰度	
		统计量	统计量	统计量	统计量	统计量	标准误	统计量	标准误
激励 8	ince8	1.00	5.00	3.9766	1.07972	-1.115	0.108	0.757	0.215
激励 9	ince9	1.00	5.00	4.0020	0.98422	-1.117	0.108	1.176	0.215
激励 10	ince10	1.00	5.00	3.9160	1.07579	-1.025	0.108	0.554	0.215
激励 11	ince11	2.00	5.00	4.1484	0.84251	-0.622	0.108	-0.494	0.215
激励 12	ince12	2.00	5.00	4.0508	0.86989	-0.474	0.108	-0.714	0.215
激励 13	ince13	2.00	5.00	4.2930	0.71885	-0.788	0.108	0.325	0.215
激励 14	ince14	2.00	5.00	4.1191	0.83903	-0.607	0.108	-0.416	0.215
激励 15	ince15	1.00	5.00	4.0742	0.91431	-1.242	0.108	1.865	0.215
激励 16	ince16	1.00	5.00	4.0273	0.92753	-0.926	0.108	0.736	0.215
激励 17	ince17	1.00	5.00	4.0879	0.96418	-1.308	0.108	1.864	0.215
激励 18	ince18	1.00	5.00	4.2324	0.77301	-1.218	0.108	2.343	0.215
激励 19	ince19	1.00	5.00	4.2070	0.84868	-1.315	0.108	2.376	0.215

从表 5-12 大样本数据特征描述性统计分析结果看，各题项均值都在 3.6484~4.4141，可见其分布比较均衡。各题项标准差均在 0.71885~1.09323，说明样本数据离散度小。Klein（1998）认为，当样本数据偏度绝对值<3、峰度绝对值<8 的时候，则可视为观测变量基本符合正态分布。而从以上统计结果看，所有题项偏度绝对值≤1.623，峰度绝对值≤3.957，远小于 Klein（1998）提出的参考值。因此可以被认为大样本数据的形态基本符合正态分布，满足本书研究假设对分析数据的基本要求。

5.2.2 T 检验

表 5-13 结果显示统计量 t 值均大于 0.01，p 值均等于 0，均小于 0.01，说明此研究的总体样本差异非常显著，有统计学意义。

表 5-13 T 检验（N=512）

单个样本统计量				单个样本检验					
				检验值=0					
项目	均值	标准差	均值的标准误	t	df	Sig.（双侧）	均值差值	差分的 95% 置信区间	
								下限	上限
InnoAW1	4. 0488	0. 89986	0. 03977	101. 810	511	0. 000	4. 04883	3. 9707	4. 1270
InnoAW2	4. 2500	0. 85322	0. 03771	112. 710	511	0. 000	4. 25000	4. 1759	4. 3241
InnoAW3	4. 1777	0. 81908	0. 03620	115. 412	511	0. 000	4. 17773	4. 1066	4. 2489
InnoSU3	4. 2695	0. 84724	0. 03744	114. 027	511	0. 000	4. 26953	4. 1960	4. 3431
InnoSU4	4. 3027	0. 77646	0. 03431	125. 389	511	0. 000	4. 30273	4. 2353	4. 3702
InnoSU5	4. 2285	0. 76910	0. 03399	124. 406	511	0. 000	4. 22852	4. 1617	4. 2953
InnoSU6	4. 3711	0. 77066	0. 03406	128. 340	511	0. 000	4. 37109	4. 3042	4. 4380
PF1	4. 3086	0. 84775	0. 03747	115. 002	511	0. 000	4. 30859	4. 2350	4. 3822
PF2	4. 2773	0. 78466	0. 03468	123. 347	511	0. 000	4. 27734	4. 2092	4. 3455
PF3	4. 3516	0. 80934	0. 03577	121. 661	511	0. 000	4. 35156	4. 2813	4. 4218
PF4	4. 2793	0. 82649	0. 03653	117. 157	511	0. 000	4. 27930	4. 2075	4. 3511
PF5	4. 4141	0. 74316	0. 03284	134. 397	511	0. 000	4. 41406	4. 3495	4. 4786
PF6	4. 1348	0. 81294	0. 03593	115. 088	511	0. 000	4. 13477	4. 0642	4. 2053
Behavior1	4. 0645	0. 81194	0. 03588	113. 270	511	0. 000	4. 06445	3. 9940	4. 1349
Behavior2	3. 9473	0. 86639	0. 03829	103. 090	511	0. 000	3. 94727	3. 8720	4. 0225
Behavior3	4. 0098	0. 90546	0. 04002	100. 203	511	0. 000	4. 00977	3. 9311	4. 0884
Behavior4	3. 9590	0. 93438	0. 04129	95. 873	511	0. 000	3. 95898	3. 8779	4. 0401
Behavior5	3. 8398	0. 95789	0. 04233	90. 706	511	0. 000	3. 83984	3. 7567	3. 9230
Behavior6	3. 6484	1. 09323	0. 04831	75. 515	511	0. 000	3. 64844	3. 5535	3. 7434
Behavior7	3. 8965	0. 96059	0. 04245	91. 785	511	0. 000	3. 89648	3. 8131	3. 9799
Behavior8	3. 8125	1. 07816	0. 04765	80. 013	511	0. 000	3. 81250	3. 7189	3. 9061
Behavior9	3. 9668	0. 92839	0. 04103	96. 682	511	0. 000	3. 96680	3. 8862	4. 0474
ince1	3. 9121	0. 96418	0. 04261	91. 810	511	0. 000	3. 91211	3. 8284	3. 9958
ince2	4. 0840	0. 90594	0. 04004	102. 005	511	0. 000	4. 08398	4. 0053	4. 1626

续表

单个样本统计量				单个样本检验					
				检验值=0					
项目	均值	标准差	均值的标准误	t	df	Sig.（双侧）	均值差值	差分的 95% 置信区间	
								下限	上限
ince3	4.0254	0.91804	0.04057	99.216	511	0.000	4.02539	3.9457	4.1051
ince4	4.0059	0.85205	0.03766	106.381	511	0.000	4.00586	3.9319	4.0798
ince5	4.0352	0.88183	0.03897	103.540	511	0.000	4.03516	3.9586	4.1117
ince6	4.0957	0.88288	0.03902	104.969	511	0.000	4.09570	4.0190	4.1724
ince7	4.0371	0.95934	0.04240	95.221	511	0.000	4.03711	3.9538	4.1204
ince8	3.9766	1.07972	0.04772	83.336	511	0.000	3.97656	3.8828	4.0703
ince9	4.0020	0.98422	0.04350	92.006	511	0.000	4.00195	3.9165	4.0874
ince10	3.9160	1.07579	0.04754	82.367	511	0.000	3.91602	3.8226	4.0094
ince11	4.1484	0.84251	0.03723	111.415	511	0.000	4.14844	4.0753	4.2216
ince12	4.0508	0.86989	0.03844	105.368	511	0.000	4.05078	3.9753	4.1263
ince13	4.2930	0.71885	0.03177	135.131	511	0.000	4.29297	4.2306	4.3554
ince14	4.1191	0.83903	0.03708	111.087	511	0.000	4.11914	4.0463	4.1920
ince15	4.0742	0.91431	0.04041	100.829	511	0.000	4.07422	3.9948	4.1536
ince16	4.0273	0.92753	0.04099	98.249	511	0.000	4.02734	3.9468	4.1079
ince17	4.0879	0.96418	0.04261	95.935	511	0.000	4.08789	4.0042	4.1716
ince18	4.2324	0.77301	0.03416	123.891	511	0.000	4.23242	4.1653	4.2995
ince19	4.2070	0.84868	0.03751	112.167	511	0.000	4.20703	4.1333	4.2807

5.2.3 信效度检验

DeVellis（1991）认为，CITC 的值在 0.60~0.65，表示最好不要；CITC 的值在 0.65~0.70，表示最小可接受值；CITC 的值在 0.70~0.80，表示相当好；CITC 的值在 0.80~0.90，表示非常好。因此，一份信度系数比较好的量表或问卷最理想值在 0.80 以上，CITC 的值在 0.70~0.80 是基本能接受的范围；分量表最好在 0.70 以上，CITC 的值在 0.60~0.70，勉强可以接受。如果分量表的内部一致性系数低于 0.60 或总量表的信度系数低于 0.80，是需要应考虑重新修订量表或增删题项。从表 5-14 结果看，TMT 创新意识、创新绩效、员工创新行为和激励机制四个维度的量表的 CITC 值均大于 0.66，值均在 0.832 以上，TMT 创新意识、创新绩效、员工创新行为和激励机制四个维度的量表的 Cronbach's α 值分别为 0.926、0.932、0.964 和 0.971。可见，该量表可靠性相当好，量表内部一致性也非常好，满足研究要求。通常信度系数越大，表明测量的可信程度越大。

表 5-14 大样本数据信度检验（N=512）

<table>
<tr><th>题项代码</th><th>CITC</th><th>项已删除的 Cronbach's α 值</th><th colspan="3">Cronbach's α 值</th></tr>
<tr><td>InnoAW1</td><td>0.707</td><td>0.754</td><td rowspan="3">0.832</td><td rowspan="7">0.926</td><td rowspan="20">0.981</td></tr>
<tr><td>InnoAW2</td><td>0.670</td><td>0.789</td></tr>
<tr><td>InnoAW3</td><td>0.702</td><td>0.760</td></tr>
<tr><td>InnoSU3</td><td>0.660</td><td>0.871</td><td rowspan="4">0.882</td></tr>
<tr><td>InnoSU4</td><td>0.693</td><td>0.863</td></tr>
<tr><td>InnoSU5</td><td>0.781</td><td>0.850</td></tr>
<tr><td>InnoSU6</td><td>0.743</td><td>0.855</td></tr>
<tr><td>PF1</td><td>0.765</td><td>0.924</td><td rowspan="6" colspan="2">0.932</td></tr>
<tr><td>PF2</td><td>0.862</td><td>0.911</td></tr>
<tr><td>PF3</td><td>0.906</td><td>0.905</td></tr>
<tr><td>PF4</td><td>0.750</td><td>0.926</td></tr>
<tr><td>PF5</td><td>0.871</td><td>0.911</td></tr>
<tr><td>PF6</td><td>0.664</td><td>0.936</td></tr>
<tr><td>Behavior1</td><td>0.836</td><td>0.960</td><td rowspan="7" colspan="2">0.964</td></tr>
<tr><td>Behavior2</td><td>0.839</td><td>0.960</td></tr>
<tr><td>Behavior3</td><td>0.854</td><td>0.959</td></tr>
<tr><td>Behavior4</td><td>0.858</td><td>0.959</td></tr>
<tr><td>Behavior5</td><td>0.843</td><td>0.959</td></tr>
<tr><td>Behavior6</td><td>0.876</td><td>0.958</td></tr>
<tr><td>Behavior7</td><td>0.877</td><td>0.958</td></tr>
</table>

续表

题项代码	CITC	项已删除的 Cronbach's α 值	Cronbach's α 值		
Behavior8	0.837	0.960	0.964		0.981
Behavior9	0.829	0.960			
ince1	0.767	0.962	0.963	0.971	
ince2	0.855	0.958			
ince3	0.791	0.961			
ince4	0.838	0.959			
ince5	0.889	0.957			
ince6	0.843	0.959			
ince7	0.881	0.957			
ince8	0.859	0.958			
ince9	0.847	0.959			
ince10	0.795	0.961			
ince11	0.760	0.888	0.905		
ince12	0.843	0.857			
ince13	0.792	0.879			
ince14	0.767	0.885			
ince15	0.835	0.933	0.944		
ince16	0.838	0.933			
ince17	0.904	0.920			
ince18	0.883	0.927			
ince19	0.794	0.940			

5.2.4 效度检验

表 5-15 的 TMT 创新意识量表 KMO 和 Bartlett 检验的结果显示，TMT 创新意识、创新绩效、员工创新行为和激励机制的 KMO 值分别为 0.892、0.893、0.940、0.935。Bartlett 值为 3542.172、2763.721、5176.274、11477.611。统计量显著性水平 Sig. 值为 0.000，因此本书 TMT 创新意识量表适合做因子分析。

表 5-15　大样本数据效度检验（N=512）

变量	KMO 值	Bartlett 检验		
		近似卡方	df	Sig.
TMT 创新意识	0.892	3542.172	36	0.000
创新绩效	0.893	2763.721	15	0.000
员工创新行为	0.940	5176.274	36	0.000
激励机制	0.935	11477.611	171	0.000

通过以上详细的信度检验、因子分析，表明了问卷具有良好的信度，在效度上，杜智敏（2010）认为，效度主要分为内容效度和结构效度。量表的效度在内容和结构上都具有良好的效度。各项指标表明本书模型拟合非常好。综上所述，两个量表各个维度和题项的因子结构清晰，因子分析结果和本书的研究构想高度一致，各项指标均符合要求。因此，本书使用的量表和正式调查问卷均有较好的信效度。

5.2.5　相关性检验

从表 5-16 结果可以看出，TMT 创新意识与创新绩效的关系为 0.748，与员工创新行为的关系为 0.690，与激励机制的关系为 0.815，创新绩效与员工创新行为的关系为 0.562，创新绩效与激励机制的关系为 0.665，员工创新行为与激励机制的关系为 0.776，结果显示，除了 TMT 创新意识与创新绩效相关系数为 0.7 以上、员工创新行为与激励机制少许偏 0.7 以上多一点以外，其他均在 0.7 以下，说明此问卷效果较好，没有共线性问题。

表 5-16　大样本数据相关性检验（N=512）

相关性					
		创新意识	创新绩效	员工行为	激励机制
创新意识	Pearson 相关性	1	0.748**	0.690**	0.815**
	显著性（双侧）		0.000	0.000	0.000

续表

相关性					
		创新意识	创新绩效	员工行为	激励机制
创新绩效	Pearson 相关性	0.748**	1	0.562**	0.665**
	显著性（双侧）	0.000		0.000	0.000
员工行为	Pearson 相关性	0.690**	0.562**	1	0.776**
	显著性（双侧）	0.000	0.000		0.000
激励机制	Pearson 相关性	0.815**	0.665**	0.776**	1
	显著性（双侧）	0.000	0.000	0.000	

注：**表示在0.01水平（双侧）上显著相关。

5.3 假设检验

5.3.1 TMT 创新意识对创新绩效的影响

为了检验 TMT 创新意识与创新绩效之间的关系，本书采用层次回归分析的方法，使用 SPSS20.0 进行线性回归分析：首先，把人口统计学变量作为自变量、企业绩效作为因变量构建回归模型 M1；其次，运用人口统计学变量作为控制变量，TMT 创新意识作为自变量，企业绩效作为因变量一同构建回归模型 M2。在这个回归分析的过程中，本书主要关注层次回归模型结果的两个方面：一方面，因变量的方差变异是否因为加入了 TMT 创新意识变量而有所变化，而且这种变化是否显著；另一方面，作为自变量的 TMT 创新意识在回归方程中标准化回归系数（β 值）的符号、大小及其显著性。其检验结果如表 5-17 所示。

表 5-17　TMT 创新意识对企业绩效的影响（N=512）

变量	因变量：创新绩效					
	模型 M1			模型 M2		
	B	Sig.	VIF	B	Sig.	VIF
控制变量						
性别	-0.050	0.371	1.813	0.010[b]	0.724	1.001
年龄	-0.042	0.374	2.088	-0.030[b]	0.306	1.001
文化程度	-0.002	0.955	1.234	-0.004[b]	0.900	1.013
在本企业工作时间	0.018	0.399	2.294	-0.009[b]	0.772	1.000
您的部门	0.047	0.016	1.252	0.075[b]	0.011	1.001
企业性质	0.030	0.231	1.384	0.005[b]	0.878	1.000
员工规模	-0.020	0.368	1.033	-0.022[b]	0.455	1.003
自变量						
TMT 创新意识	0.768	0.000	0.98	0.765	0.000	1
R	0.748[a]	0		0.754[b]	0.265	
R^2	0.559	0.000		0.568	0.000	
ΔR^2	0.559	0.000		0.009	0.000	
F	647.434	0.000	0.000[b]	73.341	0.000[c]	
ΔF	647.434	0	0.000	1.255	0.265	

注：a 表示最大平均数不显著，b 表示最大平均数显著；c 表示差异显著。

表 5-17 模型经过统计学检验，模型 1 当 TMT 创新意识变化 VIF=1 时，创新绩效随着变化 76.8%，模型 2 是考虑人口学差异的模型，由表中数据可知，在考虑人口学特征的时候，当 TMT 创新意识上升 1 分，则创新绩效上升 76.5%，但具体的 p 值除了部门控制变量外，从性别、年龄（Age）、文化程度、在本企业工作时间、企业性质和员工规模等对创新绩效没有影响。VIF 均小于 10，表明人口统计学变量与 TMT 创新意识作为自变量纳入回归模型之间不具有多重共线性，R 为 0.681，TMT 创新意识可被解释变异为 68.1%。TMT 创新意识（B=0.768，$p<0.001$）回归系数显著，这说明 TMT 创新意识与绩效之间存在显著的正相关关系，据此 H1 得到验证。

表 5-18 模型经过统计学检验，模型 1 当 TMT 创新意识两个维度变化 1 时，创新绩效随着变化-0.002，p 值为 0.965。模型 2 在考虑人口学特征时，当 TMT 创新意识两个维度上升 1 分，则创新绩效上升 0.004，p 值为 0.939，说明 TMT 创新意识中的重视维度没有任何显著效应；当创新绩效上升 0.772，p 值为 0.000，具有显著效应，但具体的 p 值从性别、年龄（Age）、文化程度、在本企业工作时间、职位、企业性质和员工规模等对创新绩效没有影响。模型中维度创新重视的 $p=0.965>0.05$，创新支持的 $p=0.000<0.05$，VIF 都小于 10，由此可见，在 TMT 创新意识两个维度中，只有创新支持与创新绩效间存在显著的正相关，据此 H1b（TMT 创新意识中创新支持与创新绩效正相关）得到验证。

表 5-18 创新绩效与 TMT 创新意识两个维度的检验（N=512）

变量	因变量：创新绩效					
	模型 M1			模型 M2		
	B	Sig.	VIF	B	Sig.	VIF
控制变量						
性别	-0.044	0.419	1.814	0.007[b]	0.812	1.002
年龄	-0.039	0.401	2.089	-0.021[b]	0.464	1.005
文化程度	-0.010	0.804	1.236	-0.010[b]	0.718	1.016
在本企业工作时间	0.018	0.373	2.294	0.000[b]	0.999	1.004
您的部门	0.046	0.018	1.252	0.069[b]	0.016	1.002
企业性质	0.027	0.271	1.385	0.004[b]	0.892	1.000
员工规模	-0.018	0.400	1.033	-0.021[b]	0.471	1.004
自变量						
重视程度	-0.002	0.965	4.003	0.004	0.939	4.049
支持程度	0.782	0.000	4.003	0.772	0.000	4.047
R	0.761[a]	0.000		0.766[b]	0.002	
R^2	0.579	0.000		0.586	0.000	
ΔR^2	0.579	0.000		0.007	0.000	

续表

变量	因变量：创新绩效					
	模型 M1			模型 M2		
	B	Sig.	VIF	B	Sig.	VIF
F	350.068	0.000[b]		71.024	0.000[c]	
ΔF	350.068	0.000		1.111	0.354	

注：a 表示最大平均数不显著，b 表示最大平均数显著，c 表示差异显著。

5.3.2 TMT 创新意识对员工创新行为的影响

表 5-19 模型经过统计学检验，模型 1 当 TMT 创新意识变化 1 时，员工创新行为随着变化 85.4%，模型 2 在考虑人口学特征时，当 TMT 创新意识上升 1 分，则企业绩效上升 85.6%，但具体的 p 值从性别、年龄、文化程度、在本企业工作时间、职位、部门、企业性质和员工规模等对企业绩效没有影响。VIF 均小于 10，表明人口统计学变量与 TMT 创新意识作为自变量纳入回归模型之间不具有多重共线性。这表明 TMT 创新意识和员工创新行为存在显著的正相关关系，据此 H2 得到验证。

表 5-19　TMT 创新意识对员工创新行为的影响（N=512）

变量	因变量：员工创新行为					
	模型 M1			模型 M2		
	B	Sig.	VIF	B	Sig.	VIF
控制变量						
性别	-0.068	0.353	1.813	-0.052[b]	0.104	1.001
年龄	-0.099	0.114	2.088	-0.046b	0.147	1.001
文化程度	0.051	0.345	1.234	0.027[b]	0.410	1.013
在本企业工作时间	-0.008	0.766	2.294	-0.043[b]	0.182	1.000
您的部门	0.013	0.622	1.252	-0.006[b]	0.848	1.001
企业性质	-0.015	0.643	1.384	-0.008[b]	0.795	1.000

续表

变量	因变量：员工创新行为					
	模型 M1			模型 M2		
	B	Sig.	VIF	B	Sig.	VIF
员工规模	-0.017	0.548	1.033	-0.016[b]	0.623	1.003
自变量						
TMT 创新意识	0.854	0.000	1.000	0.856	0.000	1.021
R	0.690[a]	0.000		0.697[b]		
R^2	0.476	0.000		0.486	0.001	
ΔR^2	0.476	0.000		0.010	0.001	
F	463.238	0.000[b]		52.813	0.000[c]	
ΔF	463.238	0.000		1.267	0.258	

注：a 表示最大平均数不显著，b 表示最大平均数显著，c 表示差异显著。

表 5-20 模型经过统计学检验，模型 1 当 TMT 创新意识两个维度变化 1 时，员工创新行为随着分别变化 0.404 和 0.443，模型 2 在考虑人口学特征时，当 TMT 创新意识两个维度上升 1 分时，企业绩效分别上升 0.409 和 0.440，但具体的 p 值从性别、年龄、文化程度、在本企业工作时间、职位、部门、企业性质和员工规模等对企业绩效没有影响。模型中维度创新重视的 $p=0.000<0.05$，创新支持的 $p=0.000<0.05$，说明两个维度对员工创新行为都具有显著效应，VIF 均小于 10，由此可见，在 TMT 创新意识两个维度中，创新重视与创新支持与员工创新行为存在显著的正相关，据此 H2（TMT 创新意识与员工创新行为正相关）得到验证。

表 5-20　员工创新行为与 TMT 创新意识检验（N=512）

变量	模型 M1			模型 M2		
	β	Sig.	VIF	β	Sig.	VIF
控制变量						
性别	-0.071	0.330	1.814	-0.051[b]	0.112	1.002

续表

变量	模型 M1			模型 M2		
	β	Sig.	VIF	β	Sig.	VIF
年龄	-0.100	0.108	2.089	-0.050[b]	0.118	1.005
文化程度	0.056	0.304	1.236	0.030[b]	0.359	1.016
在本企业工作时间	-0.008	0.757	2.294	-0.046[b]	0.148	1.004
您的部门	0.014	0.597	1.252	-0.004[b]	0.903	1.002
企业性质	-0.013	0.677	1.385	-0.008[b]	0.799	1.000
员工规模	-0.018	0.523	1.033	-0.017[b]	0.605	1.004
自变量						
重视程度	0.404	0.000	4.003	0.409	0.000	4.049
支持程度	0.443	0.000	4.003	0.440	0.000	4.047
R	0.692[a]			0.700[b]		
R^2	0.479			0.490		
ΔR^2	0.479			0.011		
F	234.016	0.000[b]		48.055	0.000[c]	
ΔF^2	234.016	0.000		1.294	0.244	

注：a 表示最大平均数不显著，b 表示最大平均数显著，c 表示差异显著。

5.3.3 员工创新行为对企业绩效的影响

从表 5-21 模型经过统计学检验，模型 1 当员工创新行为变化 1 时，企业绩效随着变化 46.6%，模型 2 在考虑人口学特征时，当数字平台消费者行为上升 1 分，则企业绩效上升 46.5%，但具体的 p 值从性别、年龄、文化程度、在本企业工作时间、部门、企业性质和员工规模对企业绩效没有影响。VIF 均小于 10，表明人口统计学变量和员工创新行为作为自变量纳入回归模型之间不具有多重共线性，R 为 0.562，员工创新行为可被解释变异为 56.2%。员工创新行为（B=0.445，p<0.001）回归系数显著，这说明员工创新行为与企业绩效之间存在显著的正相关关系，据此 H3 得到验证。

表 5-21 员工创新行为对企业绩效的影响（N=512）

变量	因变量：创新绩效					
	模型 M1			模型 M2		
	B	Sig.	VIF	B	Sig.	VIF
控制变量						
性别	-0.025	0.715	1.815	0.029[b]	0.435	1.005
年龄	-0.022	0.715	2.098	-0.016[b]	0.670	1.005
文化程度	-0.077	0.132	1.223	-0.060[b]	0.103	1.003
在本企业工作时间	0.027	0.291	2.293	0.015[b]	0.685	1.002
您的部门	0.036	0.143	1.251	0.069[b]	0.061	1.001
企业性质	0.038	0.214	1.384	0.012[b]	0.748	1.000
员工规模	-0.026	0.328	1.033	-0.034[b]	0.349	1.003
自变量						
员工创新行为	0.4662	0.000	1	0.465***	0.000	1.0184
R	0.562[a]			0.577[b]		
R^2	0.316*			0.333***		
ΔR^2	0.316*			0.017***		
F	498.173*	0.000[b]		38.778***	0.000[c]	
ΔF^2	235.630*	0.000		1.605***	0.000	0.121

注：a 表示最大平均数不显著，b 表示最大平均数显著，c 表示差异显著。* 表示在 0.05 水平上显著相关，*** 表示在 0.001 水平上显著相关。

表 5-22 模型经过统计学检验，模型 1 当员工创新行为变化 1 时，创新绩效随着变化 76.4%，模型 2 在考虑人口学特征时，当员工创新行为上升 1 分，则企业绩效上升 75.2%，但具体的 p 值除了年龄、在企业工作时间、性别、文化程度、部门、企业性质和员工规模等对创新绩效没有影响。VIF 均小于 10，表明人口统计学变量和 TMT 创新意识作为自变量纳入回归模型之间不具有多重共线性，R 为 0.669，员工创新行为可被解释变异为 66.9%。员工创新行为（B=0.752，p<0.001）回归系数显著，这表明 TMT 创新意识与创新绩效之间存在显著的正相关关系，据此 H3 得到验证。

表 5-22 员工创新行为对创新绩效的检测（N=512）

变量	因变量：企业绩效					
	模型 M1			模型 M2		
	B	Sig.	VIF	B	Sig.	VIF
控制变量						
性别	0.701[b]	0.172	1.159	0.057[b]	0.058	1.002
年龄	0.701[b]	0.045	1.076	-0.075[b]	0.012	1.005
文化程度	0.701[b]	0.768	1.195	-0.007[b]	0.816	1.003
在本企业工作时间	0.701[b]	0.001	1.263	0.120[b]	0.000	1.002
您的部门	0.701[b]	0.486	2.621	-0.042[b]	0.168	1.013
企业性质	0.701[b]	0.179	1.615	-0.010[b]	0.740	1.002
员工规模	0.701[b]	0.036	2.243	-0.002[b]	0.935	1.000
自变量						
TMT 创新意识	0.764			0.752***	0.000	1.062
R	0.669[a]	0.000		0.701[b]	0.000	2.000
R^2	0.447*	0.000		0.491***	0.000	
ΔR^2	0.447*	0.000		0.044***	0.000	
F	498.173*	0.000[b]		38.778***	0.000[c]	
ΔF^2	498.173*	0.000		3.744***	0.000	

注：a 表示最大平均数不显著，b 表示最大平均数显著，c 表示差异显著。*表示在 0.05 水平上显著相关，***表示在 0.001 水平上显著相关。

5.3.4 员工创新行为的中介作用的检验

参照 Baron 和 Kenny（1986）对于中介效应的观点，若变量 X 满足三个条件，则可以认为变量 X 通过变量 M 的中介作用影响到变量 Y：首先是变量 X 的变化能解释变量 Y 的变化；其次是变量 M 的变化能解释变量 Y 的变化；最后是当控制变量 M 对变量 Y 影响后，变量 X 对变量 Y 的影响为零或者显著降低，为零时称为完全中介，显著降低时称为部分中介。由于中介效应的检验包含了因果效应的检验，因此在验证 H4 的同时，也对 H3 进行了检验。依据 H4 的内容，将创新绩效作为因变量，将 TMT 创新意识作为自变量，将性别、年龄、文化程度、在本企业工作时间、职位、部门、企业性质和员工规模作为控制变量，将员工创新行为作为中介变量，使用 SPSS20.0 进行线性回归分析。

M1 为创新绩效对控制变量的回归，M2 为考虑控制变量影响下创新绩效对自变量 TMT 创新意识的回归，M3 为考虑控制变量影响下创新绩效对中介变量员工创新行为的回归，M4 为考虑控制变量和中介变量员工创新行为影响下创新绩效对自变量 TMT 创新意识的回归。员工创新行为与创新绩效关系中的中介作用检验结果如表 5-23 所示。

表 5-23 员工创新行为的中介作用的检验（N=512）

变量	因变量：创新绩效			
	M1	M2	M3	M4
控制变量				
性别	-0.068	-0.052[b]	0.010[b]	0.010[b]
年龄	-0.099	-0.046[b]	-0.030[b]	-0.030[b]
文化程度	0.051	0.027[b]	-0.004[b]	-0.004[b]
在本企业工作时间	-0.008	-0.043[b]	-0.009[b]	-0.009[b]
您的部门	0.013	-0.006[b]	0.075[b]	0.075[b]
企业性质	-0.015	-0.008[b]	0.005[b]	0.005[b]
员工规模	-0.017	-0.016[b]	-0.022[b]	-0.022[b]
自变量				
TMT 创新意识	0.854	0.856	0.765	0.705
中介变量				
员工创新行为			0.073	0.088[b]
R	0.690[a]	0.697[b]	0.754[b]	0.751[b]
R^2	0.476	0.486	0.568	0.563
ΔR^2	0.476	0.010	0.009	0.004
F	463.238	52.813	73.341	328.462
ΔF	463.238	1.267	1.255	4.741

注：a 表示最大平均数不显著，b 表示最大平均数显著。

从表 5-23 可知，在添加了中介变量后，自变量 TMT 创新意识的系数明显降低（从 0.854 下降到 0.705），而且模型（Model）的 F 值都在 $p<0.05$ 的水平达到显著，证明员工创新行为在 TMT 创新意识与创新绩效之间存在部分中介的关系。据此可以判定 H4（TMT 创新意识通过员工创新行为的中介作用正向影响创新绩效）得到验证，从而也证明 H3（员工创新行为与创新绩效正相关）成立。

5.3.5 激励机制调节作用的检验

参照罗胜强和姜嬿（2014）对调节效应检验的观点，将自变量与调节变量的交互项加入到因变量对自变量和调节变量的回归模型中，若其回归系数显著，则证明存在调节效应。

依据 H5 的内容，以员工创新行为作为因变量，将 TMT 创新意识作为自变量，性别、年龄、文化程度等变量作为控制变量，将激励机制作为调节变量，使用 SPSS20.0 进行层级多元线性回归分析。

M1 为因变量员工创新行为对控制变量的回归；M2 为加入调节变量激励机制变量和自变量 TMT 创新意识的回归；M3 是再加入了自变量和调节变量交互项的回归。运行结果如表 5-24 所示。

表 5-24 激励机制对 TMT 创新意识与员工创新行为关系调节检验（N=512）

变量	因变量：员工创新行为		
	M1	M2	M3
控制变量			
性别	-0.074	-0.030^{c}	-0.033^{c}
年龄	-0.076	-0.058^{c}	-0.054^{c}
文化程度	0.067	0.040^{c}	0.040^{c}
在本企业工作时间	-0.008	-0.053^{c}	-0.060^{c}
您的部门	0.005	0.007^{c}	0.017^{c}
企业性质	-0.015	-0.022^{c}	-0.030^{c}

续表

变量	因变量：员工创新行为		
	M1	M2	M3
员工规模	-0.021	-0.020[c]	-0.017[c]
自变量			
TMT 创新意识	0.854	0.211	-0.649
调节变量			
激励机制		0.726	-0.204
交互项			
TMT 创新意识×激励机制			0.228
R	0.690[a]	0.788[c]	0.807[c]
R^2	0.476	0.620	0.651
ΔR^2	0.476	0.008	0.008
F	463.238	81.867	84.923
ΔF	463.238	1.286	1.500

注：a 表示最大平均数不显著，c 表示差异显著。

依据 H5 子假设的内容，以员工创新行为作为因变量，将 TMT 创新意识两个维度作为自变量，性别、年龄、文化程度等 7 个变量作为控制变量，将激励机制作为调节变量，使用 SPSS20.0 进行层级多元线性回归分析。

M1 为因变量员工创新行为对控制变量的回归；M2 为加入调节变量激励机制和自变量 TMT 创新意识的回归；M3 是再加入了自变量各层级和调节变量交互项的回归。运行结果如表 5-25 所示。

表 5-25 激励机制对自变量两个维度与员工创新行为关系调节检验（N=512）

变量	因变量：员工创新行为		
	M1	M2	M3
控制变量			
性别	-0.077	-0.029[b]	-0.032[b]
年龄	-0.077	-0.061[b]	-0.056[b]
文化程度	0.070	0.042[b]	0.042[b]

续表

变量	因变量：员工创新行为		
	M1	M2	M3
在本企业工作时间	-0.008	-0.056[b]	-0.062[b]
您的部门	0.006	0.009[b]	0.017[b]
企业性质	-0.013	-0.022[b]	-0.029[b]
员工规模	-0.022	-0.021[b]	-0.017[b]
自变量			
重视程度	0.173	0.186	-0.437
支持程度	0.035	0.021	-0.194
调节变量			
激励机制		0.724	-0.168
交互项			
重视程度×激励机制			0.153
支持程度×激励机制			0.067
R^2	0.615	0.623	0.653
ΔR^2	0.615	0.008	0.009
F	270.253	75.155	72.164
ΔF	270.253	1.383	1.551

注：b 表示最大平均数显著。

从表 5-25 可知，在加入了中介变量后，自变量 TMT 创新意识两个维度创新重视，创新支持的系数明显降低（创新重视从 0.173 降到-0.437；创新支持从 0.035 降到-0.194），而且模型的 F 值也都在 $p<0.05$ 的水平上显著，证明激励机制在 TMT 创新意识与员工创新行为之间起调节作用。据此可以判定 H5（激励机制正向调节 TMT 创新意识对员工创新行为的影响）得到验证。TMT 创新意识两个维度与激励机制的交互项回归系数显著，激励机制分别正向调节 TMT 创新意识两个维度对员工创新行为的影响通过检验。R^2 由交互前的 0.615 降低到 0.009，表明 TMT 两个维度和员工创新行为的交互作用促进企业绩效行为。由此 H5a、H5b 得到验证。

5.4 假设检验结果汇总

5.4.1 假设检验结果汇总

本书共包括 5 个总假设、8 子假设，共 13 个假设除了 H1a 没有通过外，其他 12 个假设全部通过假设检验，得出的检验结果汇总如表 5-26 所示。

表 5-26 假设检验结果汇总（N=512）

序号	假设内容	结果
H1	TMT 创新意识与创新绩效正相关	通过
H1a	重视程度与创新绩效正相关	不通过
H1b	支持程度与创新绩效正相关	通过
H2	TMT 创新意识与员工创新行为正相关	通过
H2a	TMT 重视程度与员工创新行为正相关	通过
H2b	TMT 支持程度与员工创新行为正相关	通过
H3	员工创新行为对创新绩效具有显著的正向影响	通过
H4	TMT 创新意识通过员工创新行为的中介作用正向影响创新绩效	通过
H4a	TMT 重视程度通过员工创新行为的中介作用正向影响创新绩效	通过
H4b	TMT 支持程度通过员工创新行为的中介作用正向影响创新绩效	通过
H5	人力资源激励机制正向调节 TMT 创新意识对员工创新行为的影响	通过
H5a	人力资源激励机制正向调节 TMT 重视程度对员工创新行为的影响	通过
H5b	人力资源激励机制正向调节 TMT 支持程度对员工创新行为的影响	通过

5.4.2 假设检验结果讨论

以下是假设检验的具体结果以及对结果的讨论：

第一，H1、H1a、H1b 通过检验。经过实证的结果显示，TMT 创新意识对创新绩效具有显著的正相关，TMT 创新意识的两个维度中只有 H1b 与创新绩效正相关；创新绩效受 TMT 创新意识的作用强弱影响，TMT 创新意识中的两个维度 H1b 发挥越充分，作用越强，结果表明对创新绩效的作用越大。

第二，验证了 H2、H2a、H2b 通过检验。TMT 创新意识对员工创新行为具有显著的正相关，TMT 创新意识维度中 H2a、H2b 也与员工创新行为正相关，当维度 H2、H2a 和 H2b 共发挥作用越大时对员工创新行为促进作用达到最大。

第三，验证了 H3。员工创新行为对创新绩效具有显著的正相关。实证检验结果表明员工创新行为对创新绩效具有显著的正向促进作用，员工创新行为越强，对创新绩效的影响越大。

第四，验证了 H4 检验成功。员工创新行为在 TMT 创新意识及其两个维度与创新绩效之间起部分中介作用。数字营销力 TMT 创新意识对创新绩效有显著正向促进作用，加入了激励机制变量后，TMT 创新意识对创新绩效依然有作用，但回归系数变大，作用变强，激励机制在 TMT 创新意识两个维度与创新绩效之间起的调节作用依次增大，当两者共同作用时，所起的中介作用最大。根据中介效应检验的理论，结果说明员工创新行为在 TMT 创新意识与创新绩效之间起到部分中介作用。

第五，验证了 H5、H5a、H5b。员工创新行为在 TMT 创新意识及其两个维度与员工创新行为之间起正向调节作用。

此外，本书首先采用了 SPSS20.0 进行假设检验员工创新行为的中介作用、激励机制的调节作用和全模型进行稳健性检验。SPSS20.0 运算出的系数有变化，但这属于正常的现象，因为在 SPSS20.0 进行回归分析时，是两个变量纳入回归层级，因此在数据的指标上有所变化，但两个软件按照各自的评价标准，所有假设均通过了检验。因此，本书的实证结果是准确并且可靠的。

6 研究结论与展望

6.1 研究结论

创新绩效作为目前公司治理领域研究的热门话题，得到了企业界和学术界的共同关注和广泛讨论，因此对于创新绩效潜在的各种影响因素的探究也成为相关领域的研究重点，同时也是完善企业创新绩效相关理论的重要途径。通过对综述部分进行梳理后可以看出，已有的研究大多从非结构性角度探究影响企业创新绩效的各类因素，忽视了结构性因素的影响。随着现代高科技企业激励制度的建立和股份制企业的出现，企业所有权与实际控制权发生分离，在此基础上诞生了从企业高层管理人员本身的素质角度出发探讨公司激励员工创新行为的机制，激励机制问题也迅速成为公司治理领域的核心问题之一，引发学者们的广泛重视和深入探讨。本书在梳理、概括现有文献的基础上，通过理论推演和实证检验，从代表企业高层管理人员的素质的创新意识角度出发，以高管创新意识中对员工创新行为的重视程度和支持程度为解释变量，员工创新行为为中介变量，激励机制强度为调节变量，创新绩效为被解释变量，通过将资本结构理论纳入创新绩效研究体系框架下，探究高管创新意识对企业创新绩效的影响，并讨论了高管激励机制在该过程中可能发挥的重要作用。最后基于中国 2010~2018 年沪深 A 股上市企业的财务数据，针对上述关系提出的理论假设进行验证检验，得到的主要研究结论如下：

第一，本书理论分析与实证结果均表明高管创新意识是影响企业创新绩效的结构性因素，高管创新意识程度在提高企业员工创新行为中发挥了重要作用。由实证分析结果可知，基于高阶理论的假设“高管创新意识与企业绩效强度正相关”成立，而基于委托代理理论的假设“高管创新意识与企业创新绩效强度正相关”成立，表明高管创新意识程度越高，越能提高企业创新绩效。

第二，本书在高阶理论和委托—代理理论的基础上，认为高管创新意识程度虽然会对企业创新绩效形成积极影响，但这种影响并非是直接的，而是通过员工创新行为进而增加创新绩效产出。换句话说，高管创新意识通过企业员工创新行为中介效应间接影响创新绩效，实证结果最终证实了这一假设。而且由于员工创新行为在企业创新绩效期间体现部分中介作用，说明高管创新意识在作用于企业创新绩效的过程中还存在其他影响要素，因此单纯地增强高管创新意识并不一定能够促进企业创新绩效产出。

第三，在高管创新意识程度作用于企业创新绩效过程中，激励机制没能发挥出预期的激励效果，甚至出现了与理论假设完全相反的情况。激励的初衷是为了减少代理问题、降低代理成本、提高管理层进行风险承担活动的积极性并激励其关注长期绩效，促使管理层朝着企业制定的经营目标前进，因此理论上高管激励机制应该在高管创新意识与创新绩效的相关关系中发挥出正向的调节作用，但从数据分析结果可知，无论是对于股权激励还是薪酬激励，在实际应用中都没能发挥出“理论上”应有的作用。尤其是以股权激励作为长期激励措施，理论上股权激励期望给予领导者股票期权将高管的利益倾向与股东趋同，激励其更加关注企业研发创新带来的持续竞争能力和未来长期收益，然而由数据结果可知，股权激励非但没有表现出正向的调节作用，反而抑制了高管控制权与企业研发投入的相关关系。

6.2 管理实践与启示

当前创新绩效和TMT创新意识作为公司治理领域的热点研究问题，本书的研究视角和结论很好地将两者联系到了一起，在进一步完善创新绩效与TMT创新意识等相关理论的同时，也得到以下三点启示：

第一，高管创新意识的高度在很大程度上可以通过员工创新行为促进企业创新绩效的提高，因此对于更加注重研发能力与创新水平的企业（如高科技企业和高新技术企业），股东和董事会应当赋予高管更多的拓展眼界的机会和权力。领导者即使具备很强的执行能力也不确定能够确保TMT的创新绩效能提升，然而，如果领导者有很强的管理意识，能使团队和个体绩效显著增强，基本上是以提高企业创新绩效为目标，提高高层管理者团队的意识。具体做法包括：高层管理者需要加强自己扎实的专业技能，领导者需要解决许多实际和专业事务，需要具备优秀的专业能力和素养，才能在组织中"说服人"；领导者应拥有相应的专业理论知识和独特技能，掌握相关专业范畴内的工作流程或程序，懂得运用手段和特长，并会熟练使用专业工具。

第二，员工创新行为在高管创新绩效与企业绩效之间发挥部分中介效应，其自身也能促进创新绩效产出的提高。因此对于更加看重创新绩效产出的企业，一方面，可以考虑从增强高管创新意识角度提高创新绩效；另一方面，当企业文化已形成稳定的凝聚力时，可以通过提高企业员工创新行为与创新成果转化效率，将更多的发明专利转化为可以为企业创造价值和财富的绩效产出。

第三，企业应当结合自身性质和所处行业，根据不同的管理目标和经营战略科学合理地制定并使用高管激励政策，尤其是对于追求研发创新能力的高科技企业和高新技术产业来说，更应当慎重使用股权激励和薪酬激励措施，尽可能地避免滥用激励手段。因为一旦使用不当，不仅达不到预期的目的，不能为企业带来更多的效益，反而会给企业稀缺资源造成不必要的浪费，甚至出现完全相反的抑制作用。

6.3 研究局限与展望

虽然本书从代表企业资本结构的高管创新意识的全新视角展开对企业创新绩效的探索性研究，具有一定的创新性和借鉴意义，但也存在必然的局限性和不足，这也为未来进一步的研究提供了可能的探索方向。具体包括以下三点：

第一，高管创新意识作为企业精神层面配置的主要内容，只是企业文化结构的一部分，还有包括大股东控制权在内的其他因素也会对企业文化结构调整造成影响，因此后续的研究可以考虑从企业文化结构的其他方面入手。另外，由于学术界对高管创新意识缺乏一个统一的测量标准，虽然本书借鉴大多数人的测量方法，从两个方面对高管创新意识进行综合性的定义，但仍有一些可能会对高管创新意识的大小造成影响的因素未考虑在内，如对高管管理风格和冒险程度有重要影响的高管个人特质因素等，因此后续的研究可以考虑进一步完善高管创新意识评价体系。

第二，从本书研究结果来看，企业员工创新行为在高管创新意识与创新绩效之间发挥部分中介作用，结合本书的理论部分，可以看出影响高管创新意识与企业创新绩效的中间因素必然还有很多，如资本配置效率、管理决策效率、管理团队学习能力以及企业研发成果转化能力等都可能对该过程产生影响，这都是后续研究值得探讨的方向。

第三，虽然本书考虑到以专利为代表的企业创新绩效存在一定的滞后效应，因此借鉴现有学者的做法将企业创新绩效指标滞后一期，但由于研发周期和专利申请周期都存在很大的不确定性，而学术界目前对于创新绩效滞后效应的期限并没有一个统一的计算方法，因此本书在创新绩效数据的滞后处理上可能存在一定的局限性。另外，本书以研发专利代表企业创新绩效产出能力，正如前文所分析的那样，发明专利只有转化为企业真实的效益才有价值，因此在不考虑企业创新成果转化效率的前提下直接用专利数量代表企业创新绩效产出，也存在一定的缺陷。未来的相关研究可以考虑将重点放在对企业创新绩效滞后限期的探讨，以及尝试构建更加科学系统的创新绩效评价体系上。

参考文献

［1］ A Ali, R Krapfel, D LaBahn. Product innovativeness and entry strategy: Impact on cycle time and break- ever time ［J］. Journal of Product Innovation Management, 1995 (12): 54-69.

［2］ Acs Z J, Audretzsch D B. Innovation and size at the firm level ［J］. Southern Onomic Journal, 1991, 37 (3): 739-744.

［3］ Adner R, Helfat C. Corporate effects and dynamic managerial capabilities ［J］. Strategic Management Journal, 2003, 24 (10): 1011-1025.

［4］ Ahlstrom D. Innovationg and growth: How business contributes to society ［J］. Academy of Management Perspectives, 2010 (8): 10-23.

［5］ Alderfer C P. An empirical test of a new theory of human needs ［J］. Organizational Behavior and Human Performance, 1969 (4): 142-175.

［6］ Alexander, Vaughn Tim. Motivation and barriers to participation in virtual knowledge-sharing communities of practice ［J］. Journal of Knowledge Management, 2003, 7 (1): 64.

［7］ Amabile T M, Conti R, Coon H, Lazenby J, Heron M. Assessing the work environment for creativity ［J］. Academy of Management Journal, 1996 (39): 1154-1184.

［8］ Amason A C, Sapienza H J. The effects of top management team size and interaction norms on cognitive and affective conflict [J]. Journal of Management, 1997, 23 (4): 495-516.

[9] Amason A C, Shrader R C, Tompson G H. Newness and novelty: Relating top management team composition to new venture performance [J]. Journal of Business Venturing, 2006 (21): 125-148.

[10] Ambabile T M. A model of creativity and innovation in organizations [M]. Greenwich: JAI Press, 1998.

[11] Anderson John C, Frankle, Alan W. An iso-beta portfolio analysis accounting review [J]. Voluntary Social Reporting, 1980 (55): 467-480.

[12] Arrow K J, Hurwicz L. An optimality criterion for decision-making under ignorance [J]. Uncertainty and Expectations in Economics, 1972 (1): 463-471.

[13] Arrow K J. Apects of the theory of risk-bearing [M]. Helsinki: Yrjo Jahnssonin Saatio, 1965.

[14] Arrow K J. The economic implcations of learing by doing [J]. The Review of Economic Studies, 1962, 29 (3): 155-173.

[15] Augier M S, Sarasvathy S D. Integrating cognition, evolution and design: Extending simonian perspectives to strategic organization [J]. Strategic Organization, 2004, 2 (2): 169-204.

[16] Bantel K A, Jackson S E. Top management and innovations in banking: Does the composition of the top team make a difference? [J]. Strategic Management Journal, 1989, 10 (1): 107-124.

[17] Barker Ill V L, Mueller G C. CEO characteristics and firm R&D spending [J]. Management Science, 2002, 48 (6): 782-801.

[18] Baron K B, Kenny D A. The moderator-mediator variable distinction in

social psychological research: Conceptual, strategic, and statistical considerations [J] . Journal of Personality and Social Psychology, 1986, 51 (6): 448-452.

[19] Baron R M, Kenny D A. The moderator-mediator variable distinction in social psychological research: Conceptual, strategic, and statistical considerations [J] . Journal of Personality and Social Psychology, 1986, 51 (6) : 1173-1182.

[20] Barreto I. Dyanmic Capabilities: A review of past research and an agenda for the future [J] . Journal of Management, 2010, 36 (1): 256-280.

[21] Bartunek J M, Rynes S L, lreland R D. Academy of management journal editor' forum: What management research interesting, and why does it matter [J] . Academy of Management Journal, 2006, 49 (1): 9-15.

[22] Beatty R P, Zajac E J. Managerial incentives, monitoring, and risk bearing: A study of executive compensation, ownership, and board structure in initial public offerings [J] . Administrative Science Quarterly, 1994, 39 (2): 313-335.

[23] Belloc F. Corporate governance and innovation: A survey [J] . Journal of Economic Surveys, 2012, 26 (5): 835-846.

[24] Bierhal. Kohle shared mental models-linking team cognition and performance [J] . International Journal of CoCreation in Design and the Arts, 2007 (3): 75-94.

[25] Bock, Zmud, Kim, et al. Behavioral intention formation in knowledge sharing: Examining the roles of extrinsic motivators, social-psychological forces, and organizational climate [J] . MIS Quarterly, 2005, 29 (1): 87-111.

[26] Busom I. An empirical evaluation of the effects of R&D subsidies [J] . Economics of Innovation and New Technology, 2000, 9 (2): 111-148.

[27] Calder B J, Ross M, Insko C A. Attitude change and attitude attribution:

Effects of incentive, choice, and consequences [J]. Journal of Personality Social Psychology, 1973, 25 (1): 84-99.

[28] Cannella A A, Park J H, Lee H U. Top management team functional background diversity and firm performance: Examining the roles of team member co-location and environmental uncertainty [J]. Academy of Management Journal, 2008, 51 (4): 768-784.

[29] Cannon-boewers J A, Salas E, Converse S A. Shared mental models in expert team making [M]. Hillsdale: Lawrence Erlbaum Associates, 1997.

[30] Carlsson F, He H, Martinsson P, et al. Household decision making in rural China: Using experiments to estimate the influences of spouses [J]. Journal of Economic Behavior Organization, 2012, 84 (2): 525-536.

[31] Carpenter M A, Fredrickson J W. Top management teams global strategie posture, and the moderating role of uncertainly [J]. Academy of Management Journal, 2001, 44 (3): 533-545.

[32] Carpenter M A, Geletkanycz M A, Sanders W G. Upper echelons research revisited: Antecedents, elements, and consequences of top management team composition [J]. Journal of Management, 2004, 30 (6): 749-778.

[33] Chandrasekaran T. Towards kernel theory of external knowledge integration for hightech firms: Exploring a failed theory test [J]. Technological Forcasting & Social Change, 2012, 74 (8): 1215-1233.

[34] Cho T S, Hambrick D C. Attention as the mediator between top management team characteristics and strategic change: The case of airline deregulation [J]. Organization Science, 2006, 17 (4): 453-469.

[35] Chowdhury S. Demographic diversity for building an effective entrepreneurial team: Is it portant? [J]. Journal of Business Venturing, 2005, 20 (6):

727-746.

[36] Cohendet P, P Llerena. Routines and incentives: The role of communities in the firm [J] . Industrial and Corporate Change, 2003, 12 (2): 271-297.

[37] Coles J L, Daniel N D, Naveen L. Managerial incentives and risk-taking [J] . Journal of Financial Economics, 2006, 79 (2): 431-468.

[38] Cook, Tang. Macroeconomic conditions capital structure adjustment speed [J] . Journal of Corporate Finance, 2010 (1): 73-87.

[39] Cooke N J, Goman J C, Duran L, et al. Team cognition in experienced command and control teams [J] . Journal of Experimental Psychology Applied, 2007, 13 (3): 146-157.

[40] Costa A C. Work team trust and effectiveness [J] . Personnel Review, 2003, 32 (5): 605-622.

[41] Costello N. Stability and change in high-tech enterprises-organizational practices and routines MJ [M] . Routledge: London Press, 2000.

[42] Coughlan Anne T, Schmidt, Ronald M. Executive compensation, management turnover, and firm performance: An empirical investigation [J] . Accounting and Ecomomics, 1985 (4): 43-66.

[43] Daellenbach U S, McCarthy A M, Schoenecker T S. Commitment to innovation: The impact of top management team characteristics [J] . R&D Management, 1999, 29 (3) : 199-209.

[44] Damanpour F. Organizational innovation: A meta-analysis of sffects of determinants and moderators [J] . Academy of Management, 2013, 4 (2): 87-98.

[45] Daniel Levinthal, Claus Rerup. Crossing an apparent chasm: Bridging mindful and less-mindful perspectives on organizational learning [J] . Organization Science, 2006, 17 (7): 502-513.

[46] Dean A, Shepherd D, Krueger N F. An Intentions-based model of entrepreneurial team [J] . Social Cognition, 2002 (2): 167-186.

[47] Don, Knight. Top management tem diversity, group process, and strategic consensus [J] . Strategic Management Journal, 1999 (20): 445-465.

[48] Drucker P F. Business, innovation and entrepreneurship [M] . New York: Harper Row Publishers, 1998.

[49] E I Schwartz. The inventor' s playground [J] . Technology Review, 2002 (8): 68-73.

[50] Easterby-Smith M, Lyles M A, Peteraf N A. Dynamic capabilities: Current debates and future directions [J] . British Journal of Management, 2009 (20): 1-8.

[51] Elissen, Van Raak, Paulus. Can we make sense of multidisciplinary cooperation in primary care by considering routines and rules? [J] . Health Social Care in the Community, 2011, 19 (1): 33-42.

[52] Ellis P J. System breakdown: The role of mental models and transitive memory in the relationship between acute stress and team performance [J] . Academy of Management Journal, 2006, 40 (3): 576-589.

[53] Elron E. Top management teams within multinational corporations: Effects of cultural heterog eneity [J] . The Leadership Quarterly, 1997, 8 (4): 393-412.

[54] Espnosa, Slaughter, Kraut, Herbsleb. Team knowledge and coordination in geographicall distributed software development [J] . Journal of Management Information Systems, 2007, 24 (6): 135-169.

[55] Farme S M, Tierne Y P, Kung-Mcintyre K. Employee creativity in Taiwan: An application of role identity theory [J] . Academy of Management Journal,

2003, 46 (5) : 618-630.

[56] Finkelstein S, Hambrick D C, Cannella A A. Strategic leadership: Theory and research on executives, top management teams, and boards [M] . Oxford: Oxford University Press, 2009.

[57] Finkelstein S, Hambrick D C. Strategic leadership: Top executive and their effects on organizations [M] . Bellama: West Publishing, 1996.

[58] Finkelstein S, Hambrick D C. Top-management-team tenure and organizational outcomes: The moderating role of managerial discretion [J] . Administrative Science Quarterly, 1990, 35 (3): 484-503.

[59] Fiore, Stephen M, Smith-Jentsch, Kimberly A. Towards an understanding of macrocognition in teams: Developing and defining complex collaborative processes and products [J] . Theoretical Issues in Ergonomics Science, 2010, 11 (7): 250-271.

[60] Gavetti G, D Levinthal. Looking forward and looking backward: Cognitive and experiential search [J] . Administrative Science Quarterly, 2000, 45 (1): 113-137.

[61] Geletkanycz M A, Hambrick D C. The external ties of top executives: Implications for strategic choice and performance [J] . Administrative Science Quarterly, 1997, 42 (4): 654-681.

[62] Gibbons R. Incentives between firms [J] . Management Science, 2005, 51 (1): 2-17.

[63] Gong Y, Huang J C, Farh J L. Employee learning orientation, transformational leadership, and employee creativity: The mediating role of employee creative self-efficacy [J] . Academy of Management Journal, 2009, 52 (4): 765-778.

[64] Gorg H, Strobl E. The effect of R&D subsidies on private R&D [J]. Economica, 2007, 74 (294): 215-234.

[65] Guan Jiancheng, Chen Zifeng. The technological system of Chinese manufacturing industry: A sctorial approach [J]. China Economic Review, 2009, 20 (4): 1-10.

[66] Guokun B A O, Shunkun Y U. Study on the relationship between executive integrity and enterrise dynamic ability [J]. International Journal of Simulation Systems, 2016 (45): 601-605.

[67] Guokun B A O, Shunkun Y U. The effect of the evolution of an enterprise dynamic capacity on the organization performance [J]. International Journal of Simulation Systems, 2016 (46): 581-585.

[68] Hackman J R, Oldham G R. Development of the job diagnostic survey [J]. Master of Applied Psychology, 1980, 60 (2): 159-170.

[69] Hair J F, Anderson R E, Tatham R L, et al. Multivariate datd analysis (5th ed.) [M]. New York: Prentice Hall, 1998.

[70] Hambrick D C, Mason P A. Upper echelons: The organization as a reflection of its top managers [J]. Academy of Management Review, 1984, 9 (2): 193-206.

[71] Hambrick D C, Cho T S, CHEN M. The influence of top management team heterogeneity on firm's competitive moves [J]. Administative Science Quarterly, 1996 (41): 659-684.

[72] Hambrick D C. Upper echelons theory: An update [J]. Academy of Management Review, 2007, 32 (2): 334-343.

[73] Hambriek D C, Cho T S, Chen M. The influence of top management team heterogeneity on firm's competitive moves [J]. Administrative Science Quar-

terly, 1996 (41): 658-684.

[74] Hambriek D E, Abrahamson E. Assessing the amount of managerial discretion indifferent industries: A multi-method approach [J] . Academy of Management Journal, 1997, 38 (5): 1427-1441.

[75] Hanbrick, Donald C, Phylis A, Mason. Upper echelons: The organization as a reflection of its top managers [J] . Academy of Management Review, 1984, 9 (2): 193-206.

[76] Harrison D A, Price K H, Bell M P. Beyond relational demography: Time and the effects of surface and deep level diversity on work group cohesion [J] . Academy of Management, 1998 (1) : 41.

[77] Heckman J. Sample selection bias as a specification error [J] . Econometrica, 1979, 47 (1) : 153-161.

[78] Helfat C E, Adner R. Corporate effects and dynamic managerial capabilities [J] . Strategic Management Journal, 2003 (24): 1011-1026.

[79] Helfat C E, Peteraf M. Dynamic resource-based view: Capability lifecycles [J] . Strategic Management Journal, 2003 (24): 997-1010.

[80] Helfat C E, Raubitschek R. Product sequencing: Co-evolution of knowledge, capabilities, and products [J] . Strategic Management Journal, 2000 (21): 961-979.

[81] Hinloopen J. More on subsidizing cooperative and noncooperative R&D in duopoly with spillovers [J] . Journal of Economics, 2000, 72 (3): 295-308.

[82] Hodgkinson G P, Healey M P Psychological foundations of dynamic capabilities: Reflexion and reflection in strategic management [J] . Strategic Management Journal, 2011, 32 (13): 1500-1516.

[83] Holmen E, Pedersen A C. Strategizing through analyzing and influencing

the network horizon [J] . Industrial Marketing Management, 2003, 32 (5) : 409-418.

[84] Holmstrom B, Milgrom P. Multitask principal-agent analyses: Incentive contracts, asset ownership and job design [J] . Economics and Organisation, 1991 (7): 24.

[85] Holmstrom B. Agency cost and innovation [J] . Journal of Economic Behavior & Organization, 1989, 12 (3): 305-327.

[86] House R D. An Investigation of some organizational correlates of corporate entrepreneurship: Toward a syetems model of organizational innovation, enterepreneurship [J] . Innovation, and Change, 1955, 4 (4): 295-314.

[87] Hsu G, Hannan M T. Identities, genres, and organizational forms [J] . Organization Science, 2005, 16 (5): 474-490.

[88] Hung S C, Chu Y Y. Stimulating new industries from emerging technologies: Challenges for the public sector [J] . Technovation, 2006, 26 (1): 104-110.

[89] Jackson K E, May, K Whitney. Understanding the diversity of dynamics in decision making teams [M] . San Francisco: Jossey-Bass, 1995.

[90] Jackson Roy. Nietzsche-The Key ideas: A teach yourself guide (teach yourself: Reference) [M] . New York: McGraw-Hill, 2010.

[91] Jehn K A, Northcraft G B, Neale M A. Why differences make a difference: A field study of diversity, conflict and performance in workgroups [J] . Administrative Science Quarterly, 1999, 44 (4): 741-763.

[92] Jensen M C, Murphy K J. Performance pay and top-management incentives [J] . Journal of Political Economy, 1990, 98 (2): 225-264.

[93] Jensen M, Meckling W. Theory of the firm: Managerial behavior, agency

costs, and ownership structure [J]. Journal of Financial Economics, 1976 (3): 305-360.

[94] John Y, Xiaocong E, Shuang S, et al. Agents with shared mental models for enhancing team decision makings [J]. Decision Support Systems, 2006, 41 (3): 634-653.

[95] Jun He, Brian S Butler, William R, King Keith H. Team cognition: Development and evolutio in software project teams [J]. Journal of Management Information Systems, 2007, 24 (2): 261-292.

[96] June Lu, Chun-Sheng Yu, Chang Liu, James E Yao. Technology acceptance model for wireless internet [J]. Internet Research: Electronic Networking Applications and Policy, 2003, 13 (3): 206-222.

[97] Kearney, Gebert, et al. Diversity benefits teams: The importance of team members need for cognition [J]. Academy of Management Journal, 2009, 52 (5): 581-598.

[98] Keith H Brigham, Julio O De Castro, Dean A Shepher. A person-organization fit model of owner-managers congnitive style and organizational demands [J]. Enterpreneurship Theory and Practice, 2007 (1): 29-51.

[99] Kleysen R F, Street C T. Toward a multi-dimensional measure of individual innovative behavior [J]. Journal of Intellectual Capital, 2001, 2 (3): 284-296.

[100] L Y Coyeh, P W Kamienski, R L Espino. Gate system focuses on industrial basie research [J]. Research Technology Management, 1998 (4): 34-37.

[101] Levesque L L, Wilson J M, Wholey D R. Cognitive divergence and shared mental models in software development project teams [J]. Journal of Organizational Behavior, 2001, 22 (1): 135-144.

[102] Luo X, Kanuri V K, Andrews M. How does CEO tenure matter? The mediating role of firm-employee and firm-customer relationships [J]. Strategic Management Journal, 2014, 35 (4): 492-511.

[103] M E Porter. The technological dimension of competitive strategy [J]. Technological Innovation, Management and Policy, 1996 (86): 562-583.

[104] Madjar N, Oldham G R, Pratt M G. There's no place like home? The contributions of work and nonwork creativity support to employees' creative performance [J]. Academy of Management Journal, 2002, 45 (4): 757-767.

[105] Mamuneas T P, Nadiri M I. Public R&D policies and cost behavior of the US manufacturing industries [J]. Journal of Public Economics, 1996, 63 (1): 57-81.

[106] Markham S. Corporate championing and antagonism as forms of political behavior: An R&D perspective [J]. Organization Science, 2000 (11): 429-447.

[107] Markus C A, Becker. Framework for applying organizational routines in empirical research: Linking antecedents, characteristics and performance outcomes of recurrent interaction patterns [J]. Industrial Corporate Change, 2005, 14 (10): 817-846.

[108] McDonough E F, Barczak G. The effects of cognitive problem-solving orientation and technological familiarity on faster new product development [J]. Journal of Product Innovation Management, 1992 (9): 44-52.

[109] Meindl J R, Stubbart C, Porac J F. Cognition within and between organizations: Five key questions [J]. Organization Science, 1994, 5 (3): 289-293.

[110] Miller R I. Evaluating faculty for promotion and tenure [J]. Teaching Sociology, 1989, 17 (2): 258.

[111] Minsky M. Steps toward artificial intelligence [M]. Cambridge: MIT Press, 1961.

[112] Mooney A C, Holahan P J, Amason A C. Don't take it personally: Exploring cognitive conflict as a mediator of affective conflict [J]. Journal of Management Studies, 2010, 44 (5): 733-758.

[113] Myers, Stewart, Majluf. Corporate financing and investment decisions when firms have information investors do not have [J]. Journal of Financial Economics, 1984 (13): 187-221.

[114] M Aiken, J Hage. The organic organization and innovation [J]. Sociology, 1971 (5): 63-82.

[115] Oldham G R, Cummings A. Employee creativity: Personal and contextual factors at work [J]. Academy of Management Journal, 1996 (39): 607-634.

[116] P F Lazarsfeld, R K Merton. Friendship as a social process: A substantive and methodological analysis [M]. New York: Van Nostrand, 1954.

[117] Pavill K. The objectives of technology policy! [J]. Science and Public Policy, 1987, 14 (4): 182-188.

[118] Perry-Smith J E. The emergence of team creative cognitio on: The role of diverse outside ties, sociocognitive network centrality, and team evolution [J]. Strategic Entrepreneurship, 2006, 2 (1): 23-41.

[119] Persen W, Lessig V. Evaluating the financial performance of overseas operations: A research study and report prepared for the financial executives research foundation [J]. The Foundation, 1979 (9): 48-77.

[120] Philip Bucher, et al, Management principles for evaluating and introducing disruptive technologies: The case of nanotechnology in Switzerland [J]. R&D

Management, 2003 (2): 23.

[121] Porter Michael E. Competitive strategy: Techniques for analysizing industrial & competitors [M]. New York: Free Press, 1980.

[122] Protogerou A, Caloghirou Y, Lioukas S. Dynamic capabilities and their indirect impact on firm performance [J]. Industrial and Corporate Change, 2012, 21 (3): 615-647.

[123] R Rothwell. Successful industrial innovation: Critical factors for the 1990s [J]. R&D Management, 1992 (3): 221-239.

[124] Rajshree Agarwal, David B Audretsch. Does entry size matter? The impact of the life cycle and technology on firm survival [J]. The Journal of Industrial Economics, 2001, 49 (1): 21-43.

[125] Richard C M, William L, Esther P Y Tang, Antonio K W Law. Analysis of source of innovation, technological innovation capabilities, and performance: An empirical study of Hongkong manufacturing industries [J]. Research Policy, 2011 (40): 391-402.

[126] Richardson A J, Welker M. Social disclosure, financial disclosure and the cost of equity capital [J]. Accounting Organization & Society, 2001 (27): 579-616.

[127] Rod Coombs, Andrew Mcmeekin, Roger Pybus. Toward the development obenchmarking tools for R&D project management [J]. R&D Management, 1998 (3): 175-186.

[128] Rothewell R, Dodgson M. European technology policy evolution: Convergence towards SME and regional technology transfer [J]. Technovation, 1992, 12 (4): 223-238.

[129] Sadler-Smith E. Cognitive style and the management of small and me-

dium-sized enterprises [J] . Organization Studies, 2004, 25 (2): 155-181.

[130] Scherer F M. Firm size, market structure, opportunity, and the output of patented inventions [J] . American Economic Review, 1965, 55 (5) : 1097-1125.

[131] Schippers M C. Diversity and team out comes: The moderating effects of outcome interdependence and group longevity and the mediating effect of reflexivity [J] . Journal of Organizational Behavior, 2003 (24): 779-802.

[132] Schumpeter J A. The theory of economic development [M] . Cambridge: Harvard University Press, 1912.

[133] Scott Edgett, Robert Cooper, Elko Kleinschmidt. Portfolio management for new product development: Results of an industry practices study [J] . R&D Management, 2001 (4): 361-380.

[134] Scott S G, R A Bruce. Determinants of innovative behavior: A path model of individual innovation in the workplace [J] . Academy of Management Journal, 1994 (3): 580-607.

[135] Seibert S E, Kraimer M L, Crant J N. What do proactive people do? A longitudinal model linking proactive personality and career success [J] . Personnel Psychology, 2001 (54): 845-874.

[136] Shunkun Y U, Guokun Bao. Analysis on the path to profit or loss of an enterprise [J] . International Journal of Simulation Systems, 2016 (46): 601-603.

[137] Simons T, Pelled L H, Smith K A. Making use of difference: Diversity, debate, and decision comprehensiveness in top management teams [J] . Academy of Management Journal, 1999, 42 (6): 662-673.

[138] Smith Jr C W, Watts R L. Incentive and tax effects of executive com-

pensation plans [J] . Australian Journal of Management, 1982, 7 (2): 139-157.

[139] Smith K G, et al. Top management team demography and process: The role of social integration and communication [J] . Administration Science Quarterly, 1994, 39 (3): 412-438.

[140] Subramanian A, Nilakanta S. Organisational innovativeness: Exploring the relationship between organisational determinants of innovation, types of innovations, and measures of organisational performance [J] . Omega, 1996, 24 (6): 631-647.

[141] T F Gattiker, C R Carter. Understanding project champions' ability to gain intraorganizational commitment for environmental projects [J] . Journal of Operations Management, 2010 (28): 72-85.

[142] Tajfel H. Social psychology of intergroup relations [J] . Annual Review of Psychology, 1982, 33 (1): 1-39.

[143] Thomas A, Simerly R. Internal determinants of corporate social performance: The role of top managers [J] . Academy of Management Annual Meeting Proceedings, 1995 (1): 411-415.

[144] Tierne P, Farmer S M. Creative self-efficacy: Its potential antecedents and relationship to creative performance [J] . Academy of Management Journal, 2002, 45 (6): 1137-1148.

[145] Tierney P, Farmer S M, Graen G. B. An examination of leadership and employee creativity: The relevance of traits and relationships [J] . Personnel Psychology, 1999, 52 (3): 591-620.

[146] Tierney P, Farmer S M. The pygmalion process and employee creativity [J] . Journal of Management, 2004, 30 (3): 413-432.

[147] Tjosvold D, Law K S, Sun H. Effectiveness of Chinese teams: The role

of conflict types and conflict management approaches [J]. Management and Organization Review, 2006, 2 (2): 231-252.

[148] Tsai W. Knowledge transfer in intra organizational networks: Effects of network position and absorptive apacity on business unit innovation and performance [J]. Academy of Management Journal, 2001, 44 (5): 996-1004.

[149] Weick K E. Sense making in organizations [M]. London: Sage Publications, 1995.

[150] West G. Collective cognition: When entrepreneurial teams, not individuals, make decisions [J]. Entrepreneurship: Theory Practice, 2007, 31 (1): 77-102.

[151] West M, Farr J. Innovation at work: Psychological perspectives [J]. Social Behavior, 1989 (4): 5-30.

[152] Wiersema M F, Bird A. Organizational demography in Japanese firms: Group heterogeneity, individual dissimilarity, and top management team turnover [J]. Academy of Management Journal, 1993, 36 (5): 996-1025.

[153] Wiklund J, Shepherd D. Knowledge-based resources, entrepreneurial orientation, and the performance of small and medium-sized businesses [J]. Strategic Management Journal, 2003, 24 (13): 1307-1314.

[154] Yammarino F J, Reiterpalmon R, Herman A E. Creativity and cognitive processes: Multi-level linkages between individual and team cognition [J]. Research in Multi-Level Issues, 2007, 7 (7): 203-267.

[155] Yuan F, Woodman R W. Innovative behavior in the workplace: The role of performance and image outcome expectations [J]. Academy of Management Journal, 2010 (53): 323-342.

[156] Zahra S A, Covin G J. Contextual influences on the corporate entrepre-

neurship performance relationship: A longitudinal analysis [J]. Journal of Business Venturing, 1995, 10 (1): 43-58.

[157] Zahra S A, D O Neubaum, M Huse. Entrepreneurship in medium-size companies: Exploring the effects of ownership and governance systems [J]. Journal of Management, 2000, 26 (5): 947-976.

[158] Zajac E J. Ceo selection, succession, compensation and firm performance: A theoretical integration and empirical analysis [J]. Strategic Management Journal, 1990, 11 (3): 217-230.

[159] Zhang X, Bartol K M. Linking empowering leadership and employee creativity: The influence of psychological empowerment, intrinsic motivation, and creative process engagement [J]. Academy of Management Journal, 2010 (53): 107-128.

[160] Zhou J, George J M. When job dissatisfaction leads to creativity: Encouraging the expression of voice [J]. Academy of Management Journal, 2001, 44 (4): 682-696.

[161] [美] 彼得·德鲁克. 管理的实践 [M]. 齐若兰, 译. 北京: 机械工业出版社, 2009.

[162] [美] 彼得·德鲁克. 高层管理者面临挑战 [J]. 陈雷川, 译. 科技智囊, 2003 (5): 28-29.

[163] [美] 吉姆·柯林斯, 杰里·波勒斯. 基业长青 [M]. 真如, 译. 北京: 中信出版社, 2002.

[164] [美] 马斯洛. 动机与人格 [M]. 许金声, 等译. 北京: 中国人民大学出版社, 2007.

[165] [美] 玛汉·坦姆仆. 激励知识工作者 [M]. 蒋惠工, 译. 珠海: 珠海出版社, 1998.

［166］［美］威廉·詹姆斯．心理学原理［M］．李红艳，编译．北京：中国商业出版社，2009.

［167］（明）王阳明．传习录［M］．张怀承，译注．郑州：中州古籍出版社，2008.

［168］［英］奥利弗·谢尔登．管理哲学［M］．刘敬鲁，译．北京：商务印书馆，2013.

［169］安同良，施浩．中国制造业企业 R&D 行为模式的观测与实证——基于江苏省制造业企业问卷调查前实证分析［J］．经济研究，2006（2）：21-30，56.

［170］包兴，赵路正．煤炭科研院所科技人员激励机制探讨［J］．煤炭经济研究，2018，38（4）：52-57.

［171］宝国坤，余顺坤．高管团队认知对公司绩效的作用机制研究［J］．技术经济与管理研究，2017（2）：73-76.

［172］曹勇，苏凤娇．高技术产业技术创新投入对创新绩效影响的实证研究——基于全产业及其下属五大行业面板数据的比较分析［J］．科研管理，2012，33（9）：22-31.

［173］柴红英，杨林，李健．建立员工职业发展管理系统留住企业优秀人才［J］．科学学与科学技术管理，2005（11）：126-129.

［174］昌久琴，郁丹丹．政府科研创新补助与企业研发投入：挤出、替代还是激励?［J］．中国科技论坛，2001（8）：21-28.

［175］常华兵．高新技术企业战略成本管理研究［J］．科技进步与对策，2009，26（6）：89-91.

［176］常玉，董秋玲．科技园区技术创新能力影响因素与绩效的关系研究［J］．软科学，2006（2）：119-124.

［177］车文博．西方心理学思想史［M］．长沙：湖南教育出版

社，2007.

［178］陈传明，陈松涛．团队战略调整能力研究——认知的视角［J］．江海学刊，2007（1）：213-219.

［179］陈劲，王力瑞．技术创新管理方法［M］．北京：清华大学出版社，2006.

［180］陈劲．项目研发管理［M］．北京：机械工业出版社，2004.

［181］陈留平，张凯．纵向企业绩效评价方法研究［J］．企业经济，2008（2）：21-23.

［182］陈涛，朱智洺，王铁男．组织记忆、知识共享与企业绩效［J］．研究与发展管理，2015，27（2）：43-55.

［183］陈同扬，刘玲，曹国年．中国企业高管团队关系一致性对企业绩效的影响研究：以上市公司为例［J］．现代管理科学，2010（7）：104-106.

［184］陈文沛．领导风格对创新绩效的影响：以创新行为为中介变量［J］．经济经纬，2014，31（5）：93-97.

［185］陈晓红，佘坚，邹湘娟．中小上市公司成长性评价方法比较研究［J］．科研管理，2006（1）：145-151.

［186］陈晓萍．知识员工产出分享激励机制研究［D］．西南交通大学硕士学位论文，2012.

［187］陈修德，梁彤缨，雷鹏，等．高管薪酬激励对企业研发效率的影响效应研究［J］．科研管理，2015，36（9）：26-35.

［188］陈彦亮．团队认知对企业惯例的作用机制研究［D］．辽宁大学博士学位论文，2012.

［189］陈艺灵，陈关聚．高新认定、要素市场发展与企业创新产出［J］．经济与管理研究，2012，42（9）：130-144.

［190］陈忠卫，常极．高层管理团队异质性理论的研究视角及其比较

［J］．统计与决策，2009（3）：173-176.

［191］成力为，戴小勇．研发投入分布特征与研发投资强度影响因素的分析——基于中国30万个工业企业面板数据［J］．中国软科学，2012（8）：152-165.

［192］程宏伟，张永海，常勇．公司R&D投入与业绩相关性的实证研究［J］．科学管理研究，2006（6）：110-113.

［193］程华，王婉君．创新政策与企业绩效研究［J］．中国科技论坛，2013（2）：10-14.

［194］戴国斌．管理者战略胜任素质理论模型理论与实证研究［D］．中南大学博士学位论文，2012.

［195］戴国斌．危机中的企业战略：从哲学到运作［M］．上海：上海社会科学院出版社，2008.

［196］丁安娜，刘景江．高管团队行为整合、创新行为与创新绩效关系研究［J］．科学学与科学技术管理，2012，33（12）：71-76.

［197］丁栋虹．高管团队认知［M］．上海：复旦大学出版社，2015.

［198］丁勇．江苏省人力资本对经济增长作用的实证分析［J］．商场现代化，2011（4）：71-72.

［199］杜纲，郑蕾．房地产行业高管背景特征与企业绩效关系研究［J］．经济纵横，2011（8）：36-39.

［200］杜勇，鄢波，陈建英．研发投入对高新技术企业经营绩效的影响研究［J］．科技进步与对策，2014，31（2）：87-92.

［201］段海艳，李岩，郭凯．文化创意企业债务融资能力、研发投入与企业绩效［J］．会计之友，2020（4）：52-59.

［202］段万春，赵夷岭，尹红．基于组织承诺的企业科技人员激励方式研究［J］．科技进步与对策，2010，27（6）：143-148.

［203］冯鹤鸣．高管团队认知、政治关联与纵向一体化关系的研究［D］．华南理工大学硕士学位论文，2018.

［204］冯之浚．国家创新系统研究纲要［J］．发明与革新，1999（8）：3-5.

［205］付悦．高管团队认知对组织双元能力开发的作用机理研究：基于组织性格的视角［J］．心理科学进展，2018，26（1）：14-25.

［206］傅家骥，姜彦福，雷家骕．技术创新理论的发展［J］．经济学动态，1991（7）：48-51.

［207］高建．我国所处的技术创新阶段与科技起飞［J］．科技导报，1998（6）：32+48-50.

［208］高杰．企业绩效评价方法的利弊探析［J］．西部财会，2009（7）：40-42.

［209］高静美，郭劲光．高层管理团队（TMT）的人口特征学方法与社会认知方法的比较研究［J］．国外社会科学，2006（6）：39-46.

［210］高正斌，张开志，倪志良．减税能促进企业创新吗？——基于所得税分享改革的准自然实验［J］．财政研究，2020（8）：86-100.

［211］葛玉辉．高管团队认知与组织绩效作用机制的研究拓展［J］．企业经济，2009（8）：5-8.

［212］桂良军，于洋，郭馨楠．基于“跨时空”资源配置的高新技术企业战略成本管理——苹果公司案例研究［J］．财务与会计，2016（24）：26-28.

［213］郭旭，孙晓华，徐冉．论产业技术政策的创新效应——需求拉动，还是供给推动？［J］．科学学研究，2017，35（10）：1469-1482.

［214］郭玥．加强成都市西部金融中心建设中党对金融的领导［J］．中共四川省委党校学报，2018（4）：29-36.

［215］韩瑞霞．上市公司管理层薪酬与企业绩效研究［J］．现代经济信息，2017（2）：111.

［216］何建洪，贺昌政．企业技术能力、创新战略对创新绩效的影响研究［J］．软科学，2012，26（8）：113-117.

［217］何熙琼，杨昌安．创新投入、高新技术资质与成本粘性［J］．财会月刊，2019（10）：16-24.

［218］何熙琼，杨昌安．中国企业的创新持续性及其作用机制研究——基于成本性态视角［J］．科学学与科学技术管理，2019，40（5）：105-121.

［219］贺立军，王云峰．高校领导团队行为整合研究：团队认知视角［J］．河北学刊，2010，30（1）：190-193.

［220］洪勇．高新技术孵化网络化运行机理的案例研究［J］．管理案例研究与评论，2012，5（4）：277-291.

［221］侯建仁，李强，曾勇．风险投资、股权结构与创业绩效［J］．研究与发展管理，2009，21（4）：10-19.

［222］胡继灵．高新技术企业生命周期各阶段技术创新战略的选择［J］．科技进步与对策，2001（8）：47-48.

［223］胡望斌，张玉利．新企业创业导向转化为绩效的新企业能力：理论模型与中国实证研究［J］．南开管理评论，2011，14（1）：83-95.

［224］胡亚权，周宏．高管薪酬、公司成长性水平与相对业绩评价——来自中国上市公司的经验证据［J］．会计研究，2012（5）：22-28.

［225］黄荷暑，周泽将．女性高管、信任环境与企业社会责任信息披露——基于自愿披露社会责任报告A股上市公司的经验证据［J］．审计与经济研究，2015，30（4）：30-39.

［226］黄珊珊，邵颖红．高管创新意识、企业创新投入与创新绩效——基于我国创业板上市公司的实证研究［J］．华东经济管理，2017，31（2）：

151-157.

［227］黄伟麟，钟夏雨，冼健．高新技术制造企业生命周期划分的实证研究——基于资本市场四大板块的经验数据［J］．经济问题，2014（2）：85-90.

［228］黄艳，陶秋燕，高腾飞．资源拼凑：起源、研究脉络与理论框架［J］．科技进步与对策，2020，37（3）：1-10.

［229］季健．高管背景特征与企业绩效关系实证研究［J］．财经理论与实践，2011，32（5）：54-59.

［230］江卫东．知识型员工的工作设计与激励［J］．科学学与科学技术管理，2002（11）：58-62.

［231］姜兴．高新技术企业技术创新能力内生模型与评价研究［D］．天津大学博士学位论文，2009.

［232］蒋泰维．更加突出产业化导向充分发挥科技支撑经济转型升级作用［J］．政策瞭望，2012（1）：28-30.

［233］蒋哲政，葛玉辉．TMT认知对企业绩效影响的研究——基于团队自反性视角［J］．中国商贸，2014（23）：74-76.

［234］焦黎帆．我国智慧城市建设与政府管理问题研究［D］．西安建筑科技大学硕士学位论文，2015.

［235］解维敏，方红星．金融发展、融资约束与企业研发投入［J］．金融研究，2011（5）：171-183.

［236］康艳玲，黄国良，陈克兢．高管特征对研发投入的影响——基于高技术产业的实证分析［J］．科技进步与对策，2011，28（8）：147-151.

［237］雷怀英，乔睿蕾．企业高管团队特征及其交互效应对技术创新的影响研究［J］．软科学，2015，29（1）：60-64.

［238］雷辉，刘鹏．中小企业高管团队特征对技术创新的影响——基于

所有权性质视角［J］．中南财经政法大学学报，2013（4）：149-156.

［239］李秉祥，陈英，李越．管理防御、R&D 投入与公司治理机制关系研究［J］．科研管理，2014，35（7）：99-106.

［240］李春涛，宋敏．中国制造业企业的创新活动：所有制和 CEO 激励的作用［J］．经济研究，2010，45（5）：55-67.

［241］李丹，曾繁荣．企业绩效评价研究方法综述［J］．财会通讯，2011（2）：49-50.

［242］李端生，王晓燕．高管团队异质性、激励机制与企业研发投资行为——来自创业板上市公司的经验数据［J］．经济问题，2019（2）：58-68.

［243］李凤莲．高新技术企业 HRM 系统对员工创新行为影响研究［D］．辽宁大学博士学位论文，2016.

［244］李凤莲．高新技术企业 HRM 系统对员工创新行为影响的测量开发研究［J］．学习与实践，2016（7）：28-36.

［245］李海涛，李浩．新型城镇化背景下的智慧城市建设思考［J］．科技创新与应用，2013（20）：111-112.

［246］李厚锐，于晓宇，谭庆飞，等．变革型领导对创业绩效的影响：员工组织承诺与自我效能的中介作用［J］．现代管理科学，2014（5）：51-53.

［247］李华晶，张玉利．高管团队特征与企业创新关系的实证研究——以科技型中小企业为例［J］．商业经济与管理，2006（5）：9-13.

［248］李慧娟．嵌入文化差异的人员激励体系对国际工程项目管理绩效的影响研究［D］．山东大学博士学位论文，2019.

［249］李慧玲．高管团队学历、创新意识与研发投入［D］．中南财经政法大学硕士学位论文，2019.

［250］李金华．中国高新技术企业、产业集群、企业孵化器的发展及政

策思考［J］．经济与管理研究，2019，40（7）：32-45.

［251］李金早，许晓明．高阶管理理论及其完善与拓展［J］．外国经济与管理，2008（10）：8-16.

［252］李龙绮，谢艺．中国创业板上市公司创新能力评估［J］．经济学家，2011（2）：93-102.

［253］李懋，王国锋，井润田．高管团队内部动态特征实证研究［J］．管理学报，2009，6（7）：939-943.

［254］李四海，江新峰，宋献中．高管年龄与薪酬激励：理论路径与经验证据［J］．中国工业经济，2015（5）：122-134.

［255］李卫宁，李莉．TMT异质性、战略变革与绩效改善的关系研究——基于绩效下滑的非多元化企业的数据实证［J］．中国管理科学，2015，23（6）：153-161.

［256］李伟铭，崔毅，陈泽鹏，等．技术创新政策对中小企业创新绩效影响的实证研究——以企业资源投入和组织激励为中介变量［J］．科学学与科学技术管理，2008（9）：61-65.

［257］李延喜，巴雪冰，薛光．企业成长性综合评价方法的实证研究［J］．大连理工大学学报（社会科学版），2006（9）：1-6.

［258］李永鑫，周海龙，田艳辉．真实型领导影响员工工作投入的多重中介效应［J］．心理科学，2014，37（3）：716-722.

［259］李玉辉，李玉．机构投资者异质性、多元化经营与企业业绩［J］．河南科技大学学报（社会科学版），2018，36（6）：69-77.

［260］李正卫，高蔡联，张祥富．创始人前摄性个性对企业创新绩效的影响——社会网络的中介作用［J］．科学学研究，2013，31（11）：1752-1759.

［261］李政．企业成长的机理分析［D］．吉林大学博士学位论

文，2003.

［262］李志．企业家创造性与创新行为和企业绩效关系的研究［D］．西南大学博士学位论文，2008.

［263］梁莱歆，张焕凤．高科技上市公司 R&D 投入绩效的实证研究［J］．中南大学学报（社会科学版），2005，11（2）：232-236.

［264］梁彤缨，冯莉，陈修德．税式支出、财政补贴对研发投入的影响研究［J］．软科学，2012，26（5）：32-35.

［265］廖信林，顾炜宇，王立勇．政府 R&D 资助效果、影响因素与资助对象选择——基于促进企业 R&D 投入的视角［J］．中国工业经济，2013（11）：148-160.

［266］林昭文，张同建．核心价值观认同与知识转化的相关性研究——基于国有企业研发人员的数据检验［J］．科研管理，2014（3）：124-130.

［267］林浚清，黄祖辉，孙永祥．高管团队内薪酬差距、公司绩效和治理结构［J］．经济研究，2003（4）：31-40.

［268］刘柏，梁超．管理者层级差异的过度自信对企业投资决策的影响研究［J］．管理学报，2016，13（11）：1614-1623.

［269］刘璨．关系绩效研究综述［J］．中国商界（下半月），2010（6）：222-223.

［270］刘超，刘军，朱丽等．规则适应视角下辱虐管理的成因机制［J］．心理学报，2017，49（7）：966-979.

［271］刘井建，纪丹宁，王健．高管股权激励计划、合约特征与公司现金持有［J］．南开管理评论，2017，20（1）：43-56.

［272］刘军，李永娟，富萍萍．高层管理团队价值观共享、冲突与绩效：一项实证检验［J］．管理学报，2007（5）：119-126.

［273］刘丽颖．中国上市公司高管声誉的效应研究［D］．南开大学博士

学位论文，2013.

［274］刘松博，周红艳．高管团队行为整合在中西方的理论发展与展望［J］．现代管理科学，2013（1）：35-41.

［275］刘枭．组织支持、组织激励、员工行为与研发团队创新绩效的作用机理研究［D］．浙江大学博士学位论文，2011.

［276］刘小玄，郑京海．国有企业效率的决定因素：1985-1994［J］．经济研究，1998（1）：37-46.

［277］刘晓明，章卫民，李湛．高新技术产业发展的一般规律浅析［J］．科技管理研究，2009，29（10）：47-50.

［278］刘云，石金涛，张文勤．创新气氛的概念界定与量表验证［J］．科学学研究，2009，27（2）：289-294.

［279］刘云，石金涛．组织创新气氛对员工创新行为的影响过程研究——基于心理授权的中介效应分析［J］．中国软科学，2010（3）：133-144.

［280］刘智强，邓传军，廖建桥，等．组织支持、地位认知与员工创新：雇佣多样性视角［J］．管理科学学报，2015，18（10）：80-94.

［281］卢小君，张国梁．工作动机对个人创新行为的影响研究［J］．软科学，2007（6）：124-127.

［282］卢馨，何小华，戴歆婷．金融发展、政府补贴与企业研发投入——来自战略性新兴产业上市公司的经验证据［J］．首都经济贸易大学学报，2018（1）：49-58.

［283］卢馨，张乐乐，李慧敏，等．高管团队背景特征与投资效率——基于高管激励的调节效应研究［J］．审计与经济研究，2017，32（2）：66-77.

［284］鲁桐，党印．中国中小上市公司治理与绩效关系研究［J］．金融

评论，2014，6（4）：1-17+123.

［285］鲁小东，焦捷，朱世武．普通员工薪酬、公司规模与成长性——来自中国上市公司面板数据的经验证据［J］．清华大学学报（自然科学版），2011，51（12）：1908-1916.

［286］陆晓雨．家族涉入、高管团队异质性对企业绩效的影响研究［D］．山东大学硕士学位论文，2019.

［287］吕长江，金超，陈英．财务杠杆对公司成长性影响的实证研究［J］．财经问题研究，2006，267（2）：80-85.

［288］吕洁，张钢．团队认知的涌现：基于集体信息加工的视角［J］．心理科学进展，2013，21（12）：2214-2223.

［289］吕霄，樊耘，张婕，等．前摄型人格对角色内绩效的影响：个性化交易和员工创新行为的作用［J］．科学学与科学技术管理，2016，37（8）：170-180.

［290］马红，王元月．融资约束、政府补贴和公司成长性——基于中国战略性新兴产业的实证研究［J］．中国管理科学，2015（11）：630-635.

［291］马鸿佳，董保宝，葛宝山．资源整合过程、能力与企业绩效关系研究［J］．吉林大学社会科学学报，2011，51（4）：71-78.

［292］马卫东，游玲杰，胡长深．企业家精神、开拓能力与组织绩效——基于苏北地区企业的实证分析［J］．企业经济，2012，31（8）：37-41.

［293］马文聪，侯羽，朱桂龙．研发投入和人员激励对创新绩效的影响机制——基于新兴产业和传统产业的比较研究［J］．科学学与科学技术管理，2013，34（3）：58-68.

［294］马跃如，段斌．董事会特征、高管激励方式与中小企业成长——基于国有样本与民营样本数据的对比研究［J］．科学学与科学技术管理，

2010（10）：180-185.

［295］麦影 .CSR 对企业竞争优势贡献的模型研究［J］. 中国市场，2009（23）：70-73.

［296］毛良虎，王磊磊，房磊 . 企业家精神对企业绩效影响的实证研究——基于组织学习、组织创新的中介效应［J］. 华东经济管理，2016，30（5）：148-152.

［297］毛世佩 . 人际和谐倾向、分配公平倾向对个人创新行为影响研究——透过沟通方式的作用分析［D］. 浙江大学硕士学位论文，2008.

［298］敏里 . 论巴门尼德的"存在"［J］. 中国人民大学学报，2002（1）：45-52.

［299］彭红星，毛新述 . 政府创新补贴、公司高管背景与研发投入——来自中国高科技行业的经验证据［J］. 财贸经济，2017（3）：147-161.

［300］齐秀辉，王毅丰，孙政凌 . 双元创新、企业家冒险倾向与企业绩效研究［J］. 科技进步与对策，2020（2）：1-7.

［301］钱锡红，徐万里，杨永福 . 企业网络位置、间接联系与创新绩效［J］. 中国工业经济，2010（2）：78-88.

［302］秦伟平，赵曙明 . 真我型领导与员工创造力：中介性调节机制［J］. 管理科学学报，2016（12）：83-92.

［303］卿放，干悦之 . 企业绩效评价方法研究：回顾与展望［J］. 商业研究，2010（1）：62-64.

［304］饶艳超，陈烨 . 企业信息化、知识共享与企业绩效［J］. 财贸经济，2012（7）：126-132.

［305］任洁，李丹 . 基于双因素理论的"80 后"知识型员工激励薪酬制度研究［J］. 生产力研究，2009（9）：60-61+93.

［306］任志敏 . 公司治理与绩效研究述评［J］. 合作经济与科技，2017

（6）：88-89.

［307］荣鹏飞，苏勇，张岚．CEO 变革型领导、高管团队认知决策行为与企业决策绩效——团队氛围的调节效应［J］．复旦学报（社会科学版），2019，61（3）：167-177.

［308］阮素梅，杨善林，张琛．管理层激励、资本结构与上市公司价值创造［J］．经济理论与经济管理，2013（7）：70-80.

［309］芮明杰，韩佳玲．产业政策对企业研发创新的影响研究——基于促进创新型产业政策“信心效应”的视角［J］．经济与管理研究，2020，41（9）：78-97.

［310］尚航标，黄培伦．企业管理认知变革的微观过程：两大国有森工集团的跟踪性案例分析［J］．管理世界，2014（6）：126-141.

［311］尚航标，李卫宁．战略决策团队认知偏好及其变化的社会学解释［J］．外国经济与管理，2015，37（10）：3-17+96.

［312］石盛林．技术创新对成本领先战略的影响机理研究［D］．南京航空航天大学博士学位论文，2014.

［313］石晓姣．管理团队认知能力对决策效果的影响机制研究［D］．沈阳工业大学硕士学位论文，2018.

［314］束义明，郝振省．高管团队沟通对决策绩效的影响：环境动态性的调节作用［J］．科学学与科学技术管理，2015，36（4）：170-180.

［315］苏亚民，陈琛．基于企业生命周期的融资策略研究——以湖北省高新技术上市公司为例［J］．财政监督，2017（3）：104-107.

［316］孙海法，刘海山．高管团队价值观、团队氛围对冲突的影响［J］．商业经济与管理，2007（12）：32-38.

［317］孙海法，伍晓奕．企业高层管理团队研究的进展［J］．管理科学学报，2003（4）：82-89.

［318］孙洪敏，杨春丽，郑策，等．从制造到创造——解析中国企业技术创新［J］．企业管理，2006（7）：16-21.

［319］孙锐，赵晨．高新技术企业组织情绪能力、组织学习与创新绩效［J］．科研管理，2017，38（2）：93-100.

［320］孙晓宇．高新技术企业动态战略绩效评价研究［D］．哈尔滨理工大学硕士学位论文，2009.

［321］覃晋．团队认知能力、行为整合与团队创造力关系研究［D］．湘潭大学硕士学位论文，2013.

［322］谭劲松，何铮．集群研究文献综述及发展趋势［J］．管理世界，2007（12）：140-147.

［323］唐清泉，易翠．高管持股的风险偏爱与R&D投入动机［J］．当代经济管理，2010，32（2）：20-25.

［324］唐清泉，甄丽明．管理层风险偏爱、薪酬激励与企业R&D投入——基于中国上市公司的经验研究［J］．经济管理，2010（5）：56-64.

［325］陶长琪．对高新技术企业成长生命周期的探讨［J］．科学管理研究，2003（5）：55-58.

［326］陶长琪．高新技术企业成长中产品兼容的博弈分析［J］．南昌水专学报，2004（3）：1-7.

［327］陶长琪．企业内生成长的人力资本博弈分析［J］．管理科学，2003（3）：10-12.

［328］汪洁．团队任务冲突对团队任务绩效的影响机理研究［D］．浙江大学硕士学位论文，2009.

［329］王朝晖．企业创新驱动下的科技情报服务模式研究［J］．图书馆学研究，2012（18）：76-79.

［330］王朝南．智慧城市建设绩效评价指标体系构建及实证研究［D］．

湘潭大学硕士学位论文，2019.

［331］王端旭，洪雁．领导支持行为促进员工创造力的机理研究［J］．南开管理评论，2010，13（4）：109-114.

［332］王方晓．对企业绩效评价体系的探讨［J］．现代经济信息，2011（19）：121-123.

［333］王国锋，李懋，井润田．高管团队冲突、凝聚力与决策质量的实证研究［J］．南开管理评论，2007，10（5）：89-93.

［334］王国红，周建林，秦兰．创业团队认知研究现状探析与未来展望［J］．外国经济与管理，2017，39（4）：3-14.

［335］王海霞．团队互动过程对团队效能的影响研究［D］．天津财经大学博士学位论文，2008.

［336］王海霞．团队成熟历程中成员间信任形态划分的方法创新探讨［J］．天津财经大学学报，2008（8）：62-64+77.

［337］王辉，王忻蓉，徐淑英．中国企业 CEO 的领导行为及对企业经营业绩的影响［J］．管理世界，2006（4）：87-139.

［338］王婧，吴烨伟，蓝梦等．高管创新意识与创新绩效——职业生涯关注与财务柔性储备的调节作用［J］．中国会计评论，2017，15（2）：173-186.

［339］王君彩，王淑芳．企业研发投入与业绩的相关性——基于电子信息行业的实证分析［J］．中央财经大学学报，2008（12）：57-62.

［340］王俊杰．总裁力［M］．北京：机械工业出版社，2012.

［341］王黎萤，陈劲．知识型员工心理契约结构和激励机制［J］．经济管理，2008（1）：17-21.

［342］王亮亮，王跃堂．企业研发投入与资本结构选择——基于非债务税盾视角的分析［J］．中国工业经济，2015（11）：125-140.

［343］王巧英．现代企业用人之道探讨与研究［J］．现代商业，2016（7）：83-84.

［344］王任飞．企业 R&D 支出的内部影响因素研究——基于中国电子信息百强企业之实证［J］．科学学研究，2005（2）：225-231.

［345］王珊珊．高新技术企业集群综合优势研究［D］．哈尔滨理工大学博士学位论文，2008.

［346］王士红．所有权性质、高管背景特征与企业社会责任披露——基于中国上市公司的数据［J］．会计研究，2016（11）：53-60+96.

［347］王铁男，陈涛，贾榕霞．组织学习、战略柔性对企业绩效影响的实证研究［J］．管理科学学报，2010，13（7）：42-59.

［348］王文俊，李军．企业高层管理团队研究综述［J］．延边大学学报（社会科学版），2015，48（5）：122-130.

［349］王雅琼．企业员工组织承诺对关联绩效影响的实证研究［D］．山西师范大学硕士学位论文，2012.

［350］王亚男，葛玉辉．股权制衡、高管团队特征与企业绩效关系研究——来自中国制造业上市公司的证据［J］．沈阳工业大学学报（社会科学版），2020（6）：1-7.

［351］王宗军，徐星，肖德云，夏天．企业绩效评价的研究进展及发展趋势［J］．科技管理研究，2006（3）：159-161+169.

［352］卫武，易志伟．高管团队异质性、断层线与创新战略——注意力配置的调节作用［J］．技术经济，2017，36（1）：35-40.

［353］尉建文，李国武，陈云．私营企业主的关系网络与社会支持［J］．中央财经大学学报，2007（8）：74-78.

［354］吴明隆．SPSS 统计应用实务问卷分析与应用统计［M］．北京：科学出版社，2003.

［355］吴明隆．结构方程模型：AMOS 的操作与应用［M］．重庆：重庆大学出版社，2009.

［356］吴耀宏，吴敏，刘红．知识型企业激励机制的研究［J］．经济体制改革，2002（4）：84-87.

［357］伍智，赵红梅．现代企业绩效评价的新思想［J］．中国市场，2014（12）：94-95.

［358］武朝艳，王端旭，洪雁．知识异质性与团队创造力——创意效能感与心理安全感的调节作用［J］．华东经济管理，2014，28（11）：88-92.

［359］夏宁，董艳．高管薪酬、员工薪酬与公司的成长性——基于中国中小上市公司的经验数据［J］．会计研究，2014（9）：89-95.

［360］肖红新，陈秋华．创业者特质、资源拼凑与新创林业企业绩效［J］．林业经济问题，2019，39（6）：636-642.

［361］肖虹，曲晓辉．R&D 投资迎合行为：理性迎合渠道与股权融资渠道？——基于中国上市公司的经验证据［J］．会计研究，2012（2）：42-49+96.

［362］谢德仁，陈运森．董事网络：定义、特征和计量［J］．会计研究，2012（3）：53-65.

［363］谢军，曾晓涛．股权结构和公司成长性：上市公司股权激励结构的实证分析［J］．华南师范大学学报，2005（10）：55-61.

［364］谢礼珊，张燕，凌茜．知识经济时代企业薪酬制度［J］．中山大学学报（社会科学版），2002（6）：70-76.

［365］熊志坚，曲浩．企业知识型员工激励因素个人喜好倾向评价实证研究［J］．科技管理研究，2012，32（18）：145-150.

［366］徐建中，曲小瑜．装备制造业环境技术创新效率及其影响因素研究——基于 DEA-Malmquist 和 Tobit 的实证分析［J］．运筹与管理，2015，24（1）：246-254.

［367］徐经长，张璋，张东旭．高管的风险态度与股权激励方式选择［J］．经济理论与经济管理，2017，36（12）：73-87.

［368］徐玲玲．论国有企业人力资源管理的激励机制［J］．人力资源管理，2016（6）：93-94.

［369］徐宁，王帅．高管激励与技术创新关系研究前沿探析与未来展望［J］．外国经济与管理，2013，35（6）：23-32.

［370］徐宁，徐向艺．技术创新导向的高管激励整合效应——基于高科技上市公司的实证研究［J］．科研管理，2013，34（9）：46-53.

［371］徐体慧．高层管理团队认知悖论对企业战略决策的影响研究［D］．首都经济贸易大学硕士学位论文，2017.

［372］徐亚芳，林凤．女性高管特征对高科技企业绩效的影响实证研究［J］．技术与创新管理，2016，37（6）：684-686+692.

［373］薛靖，谢荷锋．知识转换能力、网络中心性对个人创新行为影响的研究［J］．技术经济，2006（5）：85-88.

［374］闫圣楠．管理层创新意识、市场竞争与创新绩效［D］．北京交通大学硕士学位论文，2021.

［375］严边霞．企业绩效改善驱动的人力资本投资增值途径分析［J］．经济问题探索，2003（4）：79-82.

［376］严立锋．团队情绪智力结构及其与团队绩效关系研究［D］．浙江工业大学硕士学位论文，2009.

［377］阎军印．企业技术创新管理体系研究［J］．地质技术经济管理，2001（6）：30-35+43.

［378］杨春华．中外知识型员工激励因素比较分析［J］．科技进步与对策，2004（6）：168-170.

［379］杨春丽．高管认知、战略能力与企业成长绩效的实证研究［J］．

河南科技，2014（3）：262-263.

［380］杨付，张丽华．团队成员认知风格对创新行为的影响：团队心理安全感和工作单位结构的调节作用［J］．南开管理评论，2012，15（5）：13-25.

［381］杨富．企业绩效研究述评与展望［J］．财会月刊，2016（1）：106-109.

［382］杨国超．回应“产业政策之争”——基于高新技术企业研发操纵现象的微观证据［J］．清华金融评论，2017（12）：103-104.

［383］杨国荣．心学之思——王阳明哲学的阐释［M］．上海：华东师范大学出版社，2009.

［384］杨林．企业家认知、组织知识结构与企业战略变革的关系［J］．科技进步与对策，2010（16）：67-71.

［385］杨卫忠，葛玉辉．TMT 认知异质性、自反性对决策绩效的影响——基于中国企业的实证研究［J］．预测，2012，31（2）：23-30.

［386］杨洋，魏江，罗来军．谁在利用政府补贴进行创新？——所有制和要素市场扭曲的联合调节效应［J］．管理世界，2015（1）：75-86.

［387］杨再高．智慧城市：推进广州新型城市化发展的重要引擎［J］．城市观察，2012（4）：107-108.

［388］姚洁，万文静．销售管理工作中的激励原则和措施的探析［J］．北方经贸，2017（1）：131-132.

［389］姚南．智慧城市理念在新城规划中的应用探讨——以成都市天府新城规划为例［J］．规划师，2013（2）：39-40.

［390］姚艳红，衡元元．知识员工创新绩效的结构及测度研究［J］．管理学报，2013，10（1）：97-102.

［391］尹美群，盛磊，李文博．高管激励、创新投入与公司绩效——基

于内生性视角的分行业实证研究［J］．南开管理评论，2018，21（1）：109-117.

［392］余春生，吴添祖，冯勤．高新技术企业发展一般规律研究［J］．软科学，2000（3）：21-24+28.

［393］余浩，刘文浩，陈崇．高管团队认知能力与创新绩效的关系：有调节的中介效应检验［J］．科技进步与对策，2020，37（20）：145-152.

［394］余顺坤，张欧．诚信领导与员工关联绩效［J］．商业研究，2014（11）：138-146.

［395］袁庆宏，王双龙．心理授权与主动性人格对个体创新行为的影响研究［J］．当代财经，2010（11）：69-76.

［396］原东良，周建．高管团队认知多样性与上市公司精准扶贫行为［J］．华东经济管理，2020，34（11）：107-115.

［397］曾江洪．中小上市公司治理与成长性的关系研究［D］．中南大学博士学位论文，2007.

［398］翟文华．国企高管创新协同激励论［D］．吉林大学博士学位论文，2017.

［399］张大力，葛玉辉．科技型企业高管团队学习导向与创新绩效：行为整合的中介与冲突规范的调节［J］．企业经济，2019，38（12）：37-46.

［400］张敦力，江新峰．管理者能力与企业投资羊群行为：基于新酬公平的调节作用［J］．会计研究，2015（8）：41-48.

［401］张根明．企业家创新行为及绩效研究［D］．中南大学硕士学位论文，2009.

［402］张宏如．心理资本对工作绩效影响的实证研究［J］．江西社会科学，2010（12）：228-232.

［403］张徽燕，姚秦，吴继红，等．高绩效工作系统、组织学习能力与

企业绩效的关系研究［J］．中国管理科学，2015，23（5）：134-142.

［404］张兰霞，宋嘉艺，谭均，等．女性知识型员工工作家庭平衡对创新绩效的影响——一个跨层次被调节的中介模型［J］．东北大学学报（自然科学版），2019，40（11）：1660-1666.

［405］张良久，周晓东．高层管理团队冲突：一个动态的分析模型［D］．软科学，2006（3）：69-71.

［406］张欧．中国企业诚信领导及其对员工关联绩效影响研究［D］．华北电力大学博士学位论文，2005.

［407］张术霞，范琳洁，王冰．我国企业知识型员工激励因素的实证研究［J］．科学学与科学技术管理，2011，32（5）：144-149.

［408］张兴亮．高管薪酬影响企业债务融资的研究综述与未来展望［J］．外国经济与管理，2014，36（8）：23-32.

［409］张再生，宁甜甜，王鑫．基于总报酬模型的知识型员工激励因素研究［J］．东南大学学报（哲学社会科学版），2014，16（2）：53-58+135.

［410］张正堂．高层管理团队协作需要、薪酬差距和企业绩效：竞赛理论的视角［J］．南开管理评论，2007（2）：4-11.

［411］章华．认知模式与制度演化分析［J］．浙江社会科学，2005（4）：52-58.

［412］赵大鹏．中国智慧城市建设问题研究［D］．吉林大学博士学位论文，2013.

［413］赵峰，甘亚雯．高新技术企业新生代知识型员工激励问题研究［J］．科学管理研究，2017，35（6）：93-96.

［414］赵观兵，梅强，万武．创业环境动态性、创业者特质与创业资源识别关系的实证研究——以产业集群为视角［J］．科学学与科学技术管理，2010，31（8）：90-96.

［415］赵睿．企业家薪酬与企业绩效研究［D］．中国社会科学院研究生院博士学位论文，2002.

［416］赵世君，汤云为．论企业管理控制制度设计与实施中的协调与激励［J］．财会通讯，2006（1）：20-24.

［417］赵曙东．高新企业技术创新和发展的实证分析［J］．数量经济技术经济研究，1999（12）：63-65.

［418］赵四东，欧阳东，钟源．智慧城市发展对城市规划的影响评述［J］．规划师，2013（2）：80-81.

［419］赵西萍，杨扬，辛欣．团队能力、组织信任与团队绩效的关系研究［J］．科学学与科学技术管理，2008（3）：155-159.

［420］赵远胜，鲁虹．高管团队人力资本、团队认知与企业绩效的关系模型研究［J］．科技与管理，2013（7）：31-36.

［421］赵远胜，鲁虹．国有企业高管团队内部关系资本对团队认知的作用研究［J］．科技与管理，2004（9）：121-127.

［422］钟雅菁，李冬姝．研发投入对企业绩效的影响及时间效应研究——以中国汽车制造业为例［J］．生产力研究，2017（2）：94-97+161.

［423］钟祖昌，陈功玉．基于网络 DEA 的供应链绩效评价方法与应用［J］．物流技术，2006（4）：29-32+77.

［424］周建波，孙菊生．经营者股权激励的治理效应研究——来自中国上市公司的经验证据［J］．经济研究，2013（5）：74-82.

［425］周建林．创业团队认知能力与创业决策关系研究［D］．大连理工大学博士学位论文，2017.

［426］周劲波，刘威．企业绩效评价方法研究进展［J］．科学决策，2008（10）：130.

［427］周晓东．基于企业高管认知的企业战略变革研究［D］．浙江大学

博士学位论文，2006.

［428］朱丹，陈国庆．基于管理控制系统的高新技术企业研发预算管理及其创新绩效［J］．管理世界，2013（3）：182-183.

［429］朱德胜，张伟．高管薪酬激励对股权代理成本影响的实证研究［J］．经济与管理评论，2017，33（3）：68-74.

［430］朱芳芳．高管薪酬激励、可用冗余和研发投入——兼谈高管团队稳定的情境影响［J］．科学学与科学技术管理，2018，39（9）：120-136.

［431］朱平芳，徐伟民．政府的科技激励政策对大中型工业企业 R&D 投入及其专利产出的影响：上海市的实证研究［J］．经济研究，2003（6）：45-53.

［432］朱山虎．新乡市区中学体育教师创新能力现状的研究［D］．河南师范大学硕士学位论文，2012.

［433］朱秀梅．资源获取、创业导向与新创企业绩效关系研究［J］．科学学研究，2008（3）：589-595.

［434］朱振光．现代企业绩效评价方法研究述评［J］．市场论坛，2008（3）：58-60.

［435］朱振伟，金占明．战略决策过程中决策、决策团队与程序理性的实证研究［J］．南开管理评论，2010，13（1）：4-14+49.

［436］宗文龙，王玉涛，魏紫．股权激励能留住高管吗？——基于中国证券市场的经验证据［J］．会计研究，2013（9）：58-63+97.

［437］邹佳佳，马永俊．智慧城市内涵与智慧城市建设［J］．无线互联科技，2012（4）：53-54.

附　录

技术创新绩效调查问卷

尊敬的各位女士、先生们：

您好！

首先感谢您百忙之中能抽出时间认真填写调研问卷，您的支持和帮助对于完成本次研究，帮助科技企业提升科技企业核心竞争力和创新绩效有重要意义。对于问卷的回答无对错之分，只需要您根据您个人的真实感受及贵公司的实际情况进行回答即可。您提供的一切信息都仅限于学术研究使用。在此向您郑重承诺，绝不用于其他任何用途，绝不泄露您的任何个人信息。

以下问卷会占用您3~5分钟时间，感谢您的热心和大力支持！

1. 高管团队意识

下列是关于高管团队意识的描述，请仔细阅读下列的每一个句子，并在右边相应的数字上画圈作答，不要漏答。 1=完全不符合　2=有点不符合　3=不确定 4=比较符合　5=完全符合		完全不符合	有点不符合	不确定	比较符合	完全符合
1	TMT 能够尊重不同的意见与异议	1	2	3	4	5
2	TMT 领导鼓励员工尝试新工艺、开发新产品	1	2	3	4	5
3	TMT 能够受信任部属并进行适当授权	1	2	3	4	5
4	TMT 专业背景对他们的意识起着重要作用	1	2	3	4	5
5	TMT 工作经验背景对他们的意识起着重要作用	1	2	3	4	5
6	TMT 创新氛围影响他们的意识变化	1	2	3	4	5
7	TMT 创新意识直接影响企业的战略方针	1	2	3	4	5

2. 创新绩效

下列是关于创新绩效的描述，请仔细阅读下列的每一个句子，并在右边相应的数字上画圈作答，不要漏答。 1=完全不符合　2=有点不符合　3=不确定 4=比较符合　5=完全符合		完全不符合	有点不符合	不确定	比较符合	完全符合
1	技术创新保证了本企业能够跟得上市场变化速度	1	2	3	4	5
2	技术创新保持和巩固了本企业的市场地位	1	2	3	4	5
3	技术创新保证了本企业相对于其他竞争者的技术优势	1	2	3	4	5
4	技术创新构成了本企业的核心竞争力	1	2	3	4	5
5	技术创新为本企业的长远发展奠定了较好的基础	1	2	3	4	5
6	产品投入的市场获得的认可度	1	2	3	4	5

3. 员工创新行为

下列是关于员工创新行为的描述，请仔细阅读下列的每一个句子，并在右边相应的数字上画圈作答，不要漏答。 1=完全不符合　2=有点不符合　3=不确定 4=比较符合　5=完全符合		完全不符合	有点不符合	不确定	比较符合	完全符合
1	员工主动学习意识比较强	1	2	3	4	5
2	员工能够从不同角度去看问题	1	2	3	4	5
3	员工善于寻求解决问题的新主意与新方法	1	2	3	4	5
4	员工有较强的创新意识	1	2	3	4	5
5	员工敢于尝试有挑战性的研究课题或方向	1	2	3	4	5
6	员工主动订阅期刊或参加展会	1	2	3	4	5
7	员工经常思考新工艺带来的拓展性	1	2	3	4	5
8	员工参加新技术培训并参加比赛	1	2	3	4	5
9	员工会主动收集分析并总结当前发展科技的动态	1	2	3	4	5

4. 创新激励机制

下列是关于创新激励机制的描述，请仔细阅读下列的每一个句子，并在右边相应的数字上画圈作答，不要漏答。 1=完全不符合　2=有点不符合　3=不确定 4=比较符合　5=完全符合		完全不符合	有点不符合	不确定	比较符合	完全符合
1	企业对技术创新有较为完善的激励机制	1	2	3	4	5
2	您的企业会对专业领域优秀员工进行声誉表彰	1	2	3	4	5
3	您的企业会对员工的创新知识成果进行署名并保护	1	2	3	4	5
4	员工只要表现出色就能在企业中得到发展和提升	1	2	3	4	5
5	您的企业会为提升员工的知识和技能而提供职业的机会	1	2	3	4	5
6	公司重视内部提拔和晋升，空缺岗位优先考虑内部员工	1	2	3	4	5
7	为员工设计多条职业晋升通道，如管理路线、专业路线等	1	2	3	4	5

续表

下列是关于创新激励机制的描述，请仔细阅读下列的每一个句子，并在右边相应的数字上画圈作答，不要漏答。 1=完全不符合 2=有点不符合 3=不确定 4=比较符合 5=完全符合		完全不符合	有点不符合	不确定	比较符合	完全符合
8	设立长期贡献奖，鼓励员工在企业长期发展	1	2	3	4	5
9	公司会举办创新案例研讨和展示等活动增强员工的创新意识	1	2	3	4	5
10	实施股权/期权/科技成果收益权等与贡献相匹配的创新收益制	1	2	3	4	5
11	我认为参与公司创新项目建设能提升我的社会地位	1	2	3	4	5
12	我认为参与公司创新项目建设能提高我的综合能力	1	2	3	4	5
13	公司创新项目建设工作带来的挑战吸引着我	1	2	3	4	5
14	丰厚的薪水和奖金激励着我参与项目建设	1	2	3	4	5
15	各类社会保障（如五险一金）的提供激励着我参与项目建设	1	2	3	4	5
16	带薪休假、补贴、公开表扬等人性化公司制度激励着我参与项目建设	1	2	3	4	5
17	良好的工作环境、和谐的同事关系和热心的领导激励着我参与项目建设	1	2	3	4	5
18	培训学习机会、晋升机会和参与公司决策机会激励着我参与项目建设	1	2	3	4	5

5. 基本信息（控制变量）

下面题项是有关您个人及企业基本信息的描述。信息只用于研究目的并保密，不会与第三方分享任何个人信息。所有结果都是以汇总报告的方式来呈现，请您如实填写，不要漏填。请勾选最符合您情况的选项。

（1）您的性别：□男 □女

（2）您的年龄：□30 岁及以下 □31~40 岁 □41~50 岁 □51~60 岁 □60 岁及以上

（3）您的文化程度：□高中及以下 □专科 □大学 □研究生 □博士

（4）在本企业工作时间：□2 年以下 □3~5 年 □6~10 年 □11~15 年

□16~20 年　□21 年以上

（5）部门类别：□研发类　□生产类　□营销类　□行政类　□其他

（6）企业性质：□国有　□民营　□中外合资　□外商独资　□集体企业

（7）员工规模：□小于 200 人　□201 ~ 500 人　□501 ~ 1000 人　□1001~3000 人

非常感谢您的热心和宝贵的见解！再次感谢您的大力支持与帮助！祝您生活愉快！工作顺利！

后　记

衷心感谢我的导师韩圣龙教授，韩教授平易近人的风格、渊博的学识、宽厚仁和的为人风范、严谨的治学态度、乐观积极的生活态度使我受益匪浅，对我有深远的影响。本书的选题构思、资料收集、研究过程及全文的撰写、修改和定稿，韩教授都给予了悉心的指导和耐心的教诲。在写作过程中，韩教授对学术的执着追求、对研究问题的严谨认真，总是深深地鞭策着我，他在百忙之中始终耐心、细致地提出宝贵的修改意见，使本书的写作得以顺利完成，在此，谨向韩圣龙教授致以最衷心的感谢和最诚挚的敬意！

感谢叶龙教授、阎洪教授、徐二明教授、吕海军教授、揭筱纹教授、罗教讲教授、鲁柏祥教授、张自如教授、陈算教授、王铁男教授、何晓明教授、王大树教授和宋继文教授，感谢他们对我的悉心指导和无私帮助，借此机会向各位教授表示诚挚的谢意！

感谢在博士学习阶段所有的老师、同学和朋友对我的关心、指导与帮助，感谢他们教给我各类的知识、经验和技能，由衷地、发自内心地感谢他们！

最后，感谢我的夫人周莉女士，感谢她对我的支持、关爱和照顾，她无怨无悔的理解与支持给了我学习的动力，永远是我坚强的后盾！

丁泽术

2022 年 3 月 5 日